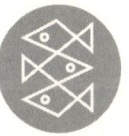

W0062673

TOM BELZ
UND FRIEDERIKE MOLDENHAUER

DO WHAT YOU CAN'T

Mit einem Bein auf den Kilimandscharo

FISCHER Taschenbuch

Aus Verantwortung für die Umwelt hat sich der S. Fischer Verlag zu einer nachhaltigen Buchproduktion verpflichtet. Der bewusste Umgang mit unseren Ressourcen, der Schutz unseres Klimas und der Natur gehören zu unseren obersten Unternehmenszielen.

Gemeinsam mit unseren Partnern und Lieferanten setzen wir uns für eine klimaneutrale Buchproduktion ein, die den Erwerb von Klimazertifikaten zur Kompensation des CO_2-Ausstoßes einschließt.

Weitere Informationen finden Sie unter:
www.klimaneutralerverlag.de

Originalausgabe

Erschienen bei FISCHER Taschenbuch
Frankfurt am Main, März 2021

© 2021 S. Fischer Verlag GmbH, Hedderichstr. 114,
D-60596 Frankfurt am Main

Satz: Dörlemann Satz, Lemförde
Druck und Bindung: CPI books GmbH, Leck
Printed in Germany
ISBN 978-3-596-00138-5

... für all diejenigen, die immer noch
in die falsche Schublade gesteckt werden.

Inhalt

Intro

Und eins und eins und eins und eins.

Ich konzentriere mich auf jeden Schritt. Auf jeden Schritt und jeden Atemzug. Regelmäßig jeden Schritt setzen, regelmäßig jeden Atemzug nehmen, nicht aus dem Rhythmus kommen. Nicht stehen bleiben, weiterlaufen. Jeder falsche Schritt, jedes Anhalten und wieder neu Ansetzen kostet wertvolle Energie, und die brauche ich, brauchen wir. Gleichmäßig durch die Nase ein- und durch den halbgeschlossenen Mund wieder ausatmen. Nicht den Kopf heben. Der Lichtstrahl meiner Stirnlampe ist auf den Boden gerichtet. Ich konzentriere mich voll auf die Spur meines Vordermannes. Wenn ich sehe, dass sein rechter Stiefel ein vollständiges Profil im Schnee hinterlässt, weiß ich, dass diese Stelle sicher ist und ich dort auftreten kann. Ist das nicht der Fall, muss ich mir eine Alternative suchen und tastend den nächsten Schritt setzen. Nicht ausrutschen, nicht kippen. Wieder aufstehen zu müssen braucht zu viel Kraft. Die nächsten Meter, die nächsten Schritte. Links und rechts die Krücken aufsetzen. Einen Schritt. Und den nächsten. Große Eisblöcke für die Krücken finden, um nicht abzurutschen. Ich sehe nichts außer dem Lichtkegel meiner Lampe, die Spur meines Vordermanns, Godlisten, und meinen Atem, der in kleinen weißen, regelmäßigen Schwaden aus meinem Mund strömt. Ringsherum ist es stockfinster, kein noch so winziges Licht erhellt die Nacht. Nur im Kreis des Lampenscheins wird das Licht ein wenig vom Schnee reflektiert, vor fünf oder sechs

Stunden schluckte das dunkle Geröll auch das. Dort fiel das Gehen leichter, die Steine waren kleiner, und der Pfad zum Pass stieg nur leicht an. Hier weiter oben hat der Wind tiefe Furchen in den Schnee gefräst. Die vereiste Oberfläche ist von schmalen, chaotischen Gräben durchzogen, in die man fast bis zum Knie abrutschen kann. Das vermeiden. Das kostet Kraft, das schmerzt. Noch einen Schritt und noch einen. Und eins und eins und eins.

Von den anderen höre ich nichts, bis auf meinen Vordermann nehme ich sie kaum wahr, obwohl ich weiß, dass noch zwei Porter hinter mir sind. Seit der letzten kurzen Pause am Stella Point haben wir nur die nötigsten Worte gewechselt, der Wind weht unablässig, man müsste gegen ihn anschreien, aber das braucht zu viel Energie. Ich höre Musik. Während der Vorbereitung hatte ich mir viele Gedanken über meine Playlist gemacht. Jetzt läuft von Zack Hemsey »The Way«. Der Rhythmus trägt mich, treibt mich voran, obwohl ich schon längst keine Kraft mehr habe und meine Arme kaum noch spüre. Die Musik habe ich aufdrehen müssen, so laut ist der Wind. Er schneidet mir in die Wangen, reizt die Augen und lässt die Tränen auf meinem Gesicht gefrieren.

Ich konzentriere mich auf die Spur meines Vordermannes im Rhythmus der Musik. Wie in den letzten Stunden und wie in den nächsten, das Gefühl für Zeit habe ich schon längst verloren. Ich weiß nur: Es geht weiter voran, weiter nach oben und weiter durch die Nacht, während der Wind eiskalt bläst.

Aber dann wache ich aus meiner Trance auf, irgendetwas ist passiert. Die Kolonne hält an. Was ist los? Ich richte mich auf und hole Luft. Ich sehe zu Godlisten, der uns anführt. Er wendet sich zu uns um und wedelt mit den Armen. Es kommt Bewegung in die Gruppe, die anderen holen auf und kommen näher. Alle scheinen etwas zu schreien, ich ziehe meine Ohrstöpsel raus, um sie zu verstehen. Und erst dann sehe ich das Schild, nur wenige Meter direkt vor mir:

MOUNT KILIMANJARO.
CONGRATULATIONS YOU ARE NOW AT
UHURU PEAK TANZANIA, 5895 M.

Wenig später geht die Sonne auf. Aus einem winzigen gelben Punkt am Horizont bahnt sich ein immer größer werdender Strahl wie ein Laser seinen Weg durch die Nacht. Und mit dem Aufsteigen der Sonne sieht man erst, dass wir über den Wolken sind. Nichts versperrt die 360-Grad-Sicht auf den Planeten Erde zu unseren Füßen.

Ich glaube, wir haben es tatsächlich geschafft. Ich hole tief Luft. Bin erst mal ganz still. Und ich denke an die anderen, die unten und zu Hause auf mich warten. Alle die, die mir geholfen haben, ganz hier oben anzukommen, auf dem *Top of Africa*. Und die ich doch zurücklassen und ohne die ich diese letzten Schritte auf den Kilimandscharo alleine machen musste.

I LAUFEN

Eine ganz normale Kindheit

Indianer, Wald und Wasser

Ich bin mit Kreuzworträtseln aufgewachsen, aber ich würde selbst nie auf die Idee kommen, in einer Zeitschrift nach einem zu schauen. Doch wenn ich meine Eltern besuche, dann setze ich mich mit Claus, meinem Vater, zusammen hin und rätsle. Er liebt es, Kreuzworträtsel zu lösen, und meine ganze Kindheit lang begleitete mich ein nach der richtigen Lösung suchender Vater. Das Fach unter dem Couchtisch meiner Eltern ist voller Zeitschriften, Stifte und Bücher von ihm. Früher lagen dort auch noch seine Packung Camel und sein Feuerzeug. In den Achtzigerjahren hat Rauchen ja dazugehört, und es wurde überall in der Wohnung gepafft, abgesehen von meinem Kinderzimmer.

Meine Mutter heißt Marion, aber ich nenne sie Mumie – das muss ich wohl erklären: Ich bin zweisprachig Deutsch und Englisch aufgewachsen, und da im Englischen Mami *mommy* heißt, aber auch wie *mummy* klingt, was im Englischen Mumie bedeutet, entstand der Name Mumie. Bis heute ist sie diesen Namen nicht losgeworden.

An meine Einschulung kann ich mich nicht mehr erinnern, wohl aber, dass es gleich in der ersten Woche Ärger gab. Meine Mutter bekam einen Anruf aus dem Sekretariat, ich hätte ein Mädchen geschlagen.

In einer der Pausen haben wir Fangen gespielt, unser Mal war ein großer alter Baum, der auf dem Schulhof stand. Wenn man dort also anschlug, war man safe. Außer uns Erstklässlern haben dort auch Kinder aus der dritten Klasse getobt. Ich wollte gerade anschlagen, da baute sich ein Mädchen, das einen Kopf größer war als ich, vor mir auf und sagte: »Du darfst nicht mitspielen!« Dann schubste es mich, ich stolperte über eine Wurzel und schlug rücklings auf den Boden. Ich war völlig übertölpelt! Ich kannte das überhaupt nicht, dass jemand zu mir sagt: »Das darfst du nicht« oder »Das ist unseres« oder »Du darfst nicht mitspielen«. Ich bin zwar Einzelkind, aber ich habe immer gelernt, zu teilen und andere mitmachen zu lassen. Das empfand ich als absolut ungerecht und konnte damit überhaupt nicht umgehen.

Jedenfalls bin ich wieder aufgestanden und habe dem Mädchen kräftig eins mit der Faust auf die Nase gegeben. So wütend war ich über diese Ungerechtigkeit! Sofort begann ihre Nase zu bluten, und es gab natürlich ein riesiges Theater, das in dem Anruf bei meiner Mutter gipfelte.

Schule an sich fand ich sehr cool. Erdkunde war ganz spannend und Mathe mochte ich auch. Jedenfalls zuerst, als ich noch gut in Mathe war, was sich mit der Zeit jedoch legte. Wir hatten einen sehr netten Klassenlehrer in der Grundschule. Herr Renkel kam aus dem Odenwald, trug einen Schnauzer und Birkenstockschuhe und unterrichtete uns in Deutsch. Ich weiß noch, wie er uns das ABC mit Tiernamen und Nahrungsmitteln beigebracht hat. Wir haben eine bunte Schlange mit den Buchstaben des Alphabets gebastelt und sie unter der Decke unseres Klassenzimmers aufgehängt.

Herrn Renkel mochte ich, denn er hat einem zugehört und sich voll auf einen konzentriert, wenn man drangenommen wurde. Einige Jahre später hat er mich auch während meiner Krankheit unterstützt, aber das war eben viel später.

Außerdem hatte er ordentlich Humor. Und ein Lehrer mit Humor ist natürlich immer cool. Wenn er Pausenaufsicht hatte, sind wir Kids aus meiner Klasse zu ihm hingerannt, haben ihn an seinen dicken Fingern genommen und zum Bolzplatz gezogen. Dann haben wir ihn lautstark bedrängt, er solle den Fußball ganz hoch in die Luft schießen. Wenn er dann den Ball ordentlich hochgeschossen hatte, ist seine Birkenstocklatsche weit durch die Luft geflogen. Das wusste er selbstverständlich und hat sich auch köstlich über uns und über sich selbst amüsiert.

Ein Buch aus dem Deutschunterricht fand ich super, und noch heute kann ich mich gut daran erinnern. Es ging um Indianer, und beim Lesen musste man Aufgaben erfüllen. Da hieß es beispielsweise an einer bestimmten Stelle: »Lies jetzt weiter auf Seite 23.« Und dann musste man im Text also hin- und herspringen. Oder manchmal musste man das Buch umdrehen oder einen Spiegel holen, um den nächsten Absatz lesen zu können, der spiegelverkehrt abgedruckt war. Als wir mit der Klasse das Buch durchhatten, durften wir mit Tonpapier, Bastelpappe und Wolle unsere Lieblingsszene nachbauen.

Einmal sollten wir im Unterricht von Herrn Renkel erzählen, wer unser Lieblingsheld war. Für mich war das keine Frage: natürlich Michael Jackson! Ich war großer Michael-Jackson-Fan und kann mich gut daran erinnern, wie ich gemeinsam mit meinen Eltern ein Konzert von ihm im Fernsehen angeschaut habe. Es war die Übertragung seines ersten Konzertes der Dangerous World Tour im Sommer 1992. Ich saß total aufgeregt vor dem Kasten und konnte fast alle Lieder mitsingen. So faszinierend wie unverständlich war für mich: Michael Jackson war in Deutschland und sang im Münchner Olympiastadion vor zweiundsiebzigtausend Zuschauern. Das war nicht gerade um die Ecke von Rodgau, aber immerhin schon ganz schön dicht dran an uns, jedenfalls näher als Neverland, so viel wusste ich schon. Aus dem Häuschen war ich natürlich, als er mein

Lieblingslied von dem Album *Dangerous*, nämlich »Heal the World«, sang und dabei ganz viele Kinder auf die Bühne kamen und einen Kreis um ihn bildeten! Damals fragte ich mich: Warum war ich nicht dabei?

Nach der Schule wartete immer mein Vater zu Hause auf mich. Claus hat in Nachtschichten Computerteile, Laboreinrichtungen oder Krankenhausbedarf für einen großen IT-Konzern ausgeliefert. Nachts ist er gefahren, tagsüber war er zu Hause, während meine Mutter bei einer Fluggesellschaft in der Logistik tätig war.

Manchmal, wenn ich nach Hause kam, hat mein Vater noch geschlafen. Meist aber hatte er schon das Mittagessen vorbereitet. Ich mochte die Sachen, die er kochte: Sauerkraut mit Würstchen oder Rippchen, Spinat mit Spiegelei und Leberkäse. Claus macht übrigens noch heute einen unfassbar guten Kartoffelbrei. Diese ganz einfachen Gerichte habe ich von ihm als Erstes beigebracht bekommen und koche sie noch immer genau so.

Welches Essen macht dich glücklich? Welches Gericht erinnert dich an deine Kindheit, was hast du damals gern gegessen? Gut und mit Aufmerksamkeit zu essen ist superwichtig, und etwas für sich selbst oder gemeinsam mit Freunden und/oder der Familie zu kochen macht Spaß! Das ist in jeder Hinsicht »quality time« im besten Sinne.

Gleich nach dem leckeren Mittagessen ging es ans Hausaufgabenmachen. Ich saß am Küchentisch, und Claus hat mich machen lassen. Nur meine Mutter hat meine Aufgaben manchmal noch abends, wenn sie Feierabend hatte, kontrolliert. Dann hat sie sich mit mir eine halbe Stunde hingesetzt, und wir sind zum Beispiel die Matheaufgaben noch einmal durchgegangen.

Die Nachmittage verbrachte ich also mit meinem Vater oder mit meinen Kumpels aus der Nachbarschaft. In Rodgau, einem kleinen Städtchen südöstlich von Frankfurt am Main, haben wir in einer Wohnung in einem Mietshaus gewohnt. Direkt hinter unserem Haus floss die Rodau, ein kleiner Bach, und dahinter begann ein Wald. Mit den anderen Jungs, die in meinem Haus wohnten, habe ich viel Zeit verbracht. Und meistens war ich mit Patrick und Andi, die so alt waren wie ich, draußen unterwegs. Die beiden gingen auch in meine Schule und waren meine engsten Freunde – ich musste ja nur die Treppen hinunterrasen und klingeln:

»Kommst du spielen?«

»Ja!«

Dann im Erdgeschoss noch mal: »Kommst du spielen?«

»Nee, ich muss noch 'ne halbe Stunde Hausaufgaben machen.«

»Okay, dann geh ich mit dem Patrick schon mal vor, und dann kommst du nach.«

Sobald das Wetter im Frühjahr schön genug war, zogen wir los, um uns im Wald ein Baumhaus zu bauen. Wie die Affen sind wir in den Baumkronen herumgeturnt. Natürlich war das kein richtiges Baumhaus, was wir uns in irgendeinem Baum zusammengezimmert haben, eher eine Art schräger Hochsitz. Meinem Vater habe ich das Holz aus dem Keller geklaut, und die anderen haben das Werkzeug von zu Hause besorgt, und schon ging es los mit Hammer und Nagel. Einmal haben wir eine Plane mitgenommen, um uns auch bei Regen in unser Baumhaus setzen zu können. Meine Mutter habe ich ewig mit der Frage genervt, wie denn wohl das Wetter an diesem oder jenem Tag werden würde, damit wir – wenn es regnet – die Plane ausprobieren konnten. Und endlich war das Wetter dann schlecht genug. Bei strömendem Regen habe ich mich mit Andi und Patrick in den Wald verzogen, und wir haben uns stolz unter die Plane gesetzt.

Meist hat mein Vater meinen kindlichen Freigeist weitestgehend unterstützt – er hat mich laufen lassen. Er gehörte nicht zu den Vätern, die immer sagten: »Das ist gefährlich, seid vorsichtig!« Aber einmal ist er uns nachgekommen und hat sich unser Baumhaus angeschaut. Dann hat er uns Tipps gegeben, wie wir die Hütte stabiler machen konnten, und sägte uns Holzklötze zurecht, um sie unter die Leisten zu schieben, damit sie das Ganze tragen konnten.

Wasser faszinierte uns, und im Sommer waren wir ständig in der Rodau zugange. Mit den Jungs habe ich zusammen Dämme gebaut. Wir haben uns große Steine gesucht, sie mit all unserer Kraft zum Bach geschleppt und so aufgetürmt, dass sich der Wasserlauf staute. Doch ein Damm reichte uns nicht! Wir haben drei hintereinander gebaut, sodass die Rodau übergelaufen ist. Das Wasser wurde bis über die Straße geschwemmt und ist bis in die Nachbargärten geflossen. Da gab es dann mal wieder Ärger. Einmal haben wir sogar den Sandkasten, der bei uns hinten im Garten stand, unter Wasser gesetzt. Es war ein warmer Tag, aber unsere Eltern wollten nicht mit uns zum Badesee fahren. Folglich haben wir den Gartenschlauch genommen, das Wasser voll aufgedreht und den Sandkasten in einen kleinen Swimmingpool verwandelt. Wir haben das ganze Ding unter Wasser gesetzt und dabei einen irren Spaß gehabt.

Patrick und Andi waren über Jahre hinweg meine besten Buddys. Aber das hörte auf, als ich wegen meiner Erkrankung für so lange Zeit in die Klinik musste. Als ich dort war, durften mich meine Freunde nicht besuchen, um das Infektionsrisiko für mich und die anderen kranken Kinder so gering wie möglich zu halten. Spielen konnte ich dort nur mit den anderen kleinen Patienten. Und als ich wieder zur Schule gehen konnte, waren Andi und Patrick schon viel weiter, während ich aufgrund meiner Fehlzeiten die dritte Klasse wiederholen musste. Wir drifteten also auseinander. Heute habe ich zu den beiden nur noch lockeren Kontakt. Wenn ich mal in Rodgau bin und sie treffe, dann ist das immer schön. Oder wenn sie mich mal im Fernsehen sehen, schreiben sie mir eine WhatsApp-Nachricht. Ich freu mich immer darüber, die beiden wiederzusehen, weil wir gemeinsam viel erlebt haben.

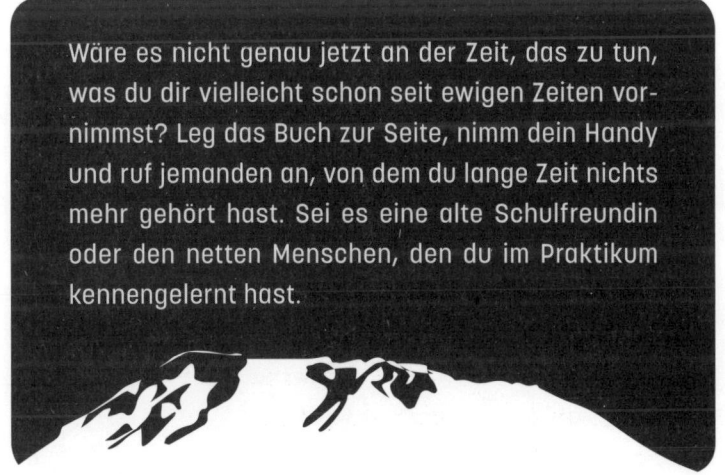

Wäre es nicht genau jetzt an der Zeit, das zu tun, was du dir vielleicht schon seit ewigen Zeiten vornimmst? Leg das Buch zur Seite, nimm dein Handy und ruf jemanden an, von dem du lange Zeit nichts mehr gehört hast. Sei es eine alte Schulfreundin oder den netten Menschen, den du im Praktikum kennengelernt hast.

Couchsurfer vs. Abenteurer

Wenn ich nicht gerade mit Andi und Patrick unsere Straße unter Wasser gesetzt habe, gab es noch eine andere Beschäftigung, die ich als kleiner Junge geliebt habe: mit meinem Vater nachmittags fernzusehen. Auf der Couch habe ich mich ganz dicht an ihn herangekuschelt, und dann haben wir gemeinsam überlegt, was wir gucken wollten. Die Auswahl an Fernsehsendern war Anfang der Neunzigerjahre im Vergleich zu heute – von Netflix war noch gar keine Rede – begrenzt. Immerhin gab es schon außer den drei öffentlich-rechtlichen Sendern Kabel1 und arte. Am liebsten habe ich Tierdokumentationen geschaut, und mein Held war der österreichische Tierfilmer Werner Fend. Seine Serie *Mein Dschungelbuch* lief nachmittags, und jede Folge dauerte eine halbe Stunde, die ich gebannt vor dem Fernseher verbrachte. Mit Filmen wie *Ich jagte den Menschenfresser* oder *Tiere, Dschungel, Abenteuer* machte er den Abenteuern, die ich hätte vor der Haustür erleben können, große Konkurrenz. Fend schlug sich beispielsweise durch Afrika auf der Pirsch nach gefährlichen Tieren. Das fand ich natürlich besonders spannend. So weit weg war das! Ich konnte mir nicht vorstellen, dass die Wildhüter, die von dem Kamerateam begleitet wurden, quasi in der direkten Nachbarschaft mit Löwen und Giraffen lebten – ganz ohne eingezäuntes Gehege. Wie faszinierend war das denn! Konnte das wirklich stimmen? Immer wieder habe ich meinen Vater gefragt: »Die Leute leben bei den wilden Tieren? Gibt es da wirklich keine Zäune?« Kaum zu glauben!

In vielen dieser Tierfilme ging es auch um den Kilimand-scharo. Mein Vater erklärte mir, dass es einer der höchsten Berge der Welt sei. Das wollte ich damals ganz genau wissen und löcherte ihn mit Fragen:

»Wie hoch genau ist denn der?«

»Tommy, der ist richtig hoch.«

»Wie hoch?«

»Der Kilimandscharo ist wirklich ganz hoch, da muss man ewig laufen, bis man oben ankommt.«

Die Vorstellung, dass ein Berg so hoch sein kann, fiel mir als kleiner Junge schwer.

Manchmal ging es in den Dokus auch um Tiere in Deutschland oder in Europa. Mein Vater hat sich immer etwas ausgedacht, was wir zusammen am Nachmittag unternehmen konnten. Dann sind wir manchmal gleich am nächsten Tag in einen Wild- oder Tierpark gefahren, um uns die Tiere, um die es in der Fernsehsendung ging, unmittelbar anzuschauen. Hin und wieder habe ich mich morgens krank gestellt und die Schule geschwänzt, damit wir etwas später, wenn es mir plötzlich besser ging, losfahren konnten. Meine Mutter wusste das, hat aber nichts gesagt. Oder mein Vater hat mich nach dem Arbeiten von der Schule abgeholt, um mit mir in den Wildpark nach Klein-Auheim zu fahren. In der Alten Fasanerie gab es zwar keine Raubtiere, aber Wildkatzen, Luchse und sogar Elche.

Wenn ich dann über den Schulhof gerannt kam und zu ihm in das Auto sprang, lag auf dem Beifahrersitz unsere Proviant-dose parat. Zu Hause hatte er schon morgens gefühlt einhundert Käsebrote geschmiert, und die gab es dann. Kamen wir frühabends von unseren Ausflügen zurück, waren wir oft total erledigt. Dann gab es nur noch Abendessen, und dann ab ins Bett.

Was mein Vater mit mir unternommen hat, hatte immer etwas mit Natur oder mit Tieren zu tun. Er wusste unheimlich viel und konnte mir viel erklären. Auch wenn etwas in den Fernsehdokus nicht ganz stimmte, merkte er das sofort. Diese ganzen Fakten muss er sich irgendwann mal angeeignet haben, denn er hat schon immer viel gelesen – was ich von mir nun nicht gerade behaupten kann.

> Mit acht Jahren bekam ich einen Mischlingswelpen, eine Hündin, die Toby. Ein strubbeliges, wildes Ding. Den Hund habe ich total geliebt. Bist du mit Tieren aufgewachsen? An welche Geschichten mit ihnen kannst du dich erinnern?

Flohmarktfamilie

Meist war es noch stockfinster, wenn um 5.30 Uhr morgens der Wecker klingelte – und das an einem Samstag oder Sonntag. Ich stand auf und tappte zu meiner Mutter in die Küche. Dort stand sie, schmierte uns Brote und füllte heißen Tee in die Thermoskanne. Unsere Sachen hatten wir schon am Abend zuvor in den Kofferraum geladen, und nach einer Katzenwäsche und einem Blitzfrühstück ging es los, während mein Vater noch schlief. Manchmal sind wir fast eine Stunde zu einem Flohmarkt in der Umgebung gefahren, um Sachen zu verkaufen. Meine Mutter ist eine Flohmarktfanatikerin, auch das habe ich von ihr geerbt. Ihre Philosophie lautet: Wenn man etwas Neues kauft, sollte man etwas Altes hergeben – was auch für meine Spielsachen galt. Wünschte ich mir etwa eine neue Actionfigur, die wir häufig auf unseren Reisen in die USA kauften, musste ich einige meiner alten Spielsachen aussortieren.

So half ich ihr also, auf dem Marktplatz einer x-beliebigen Stadt den Tapeziertisch aufzubauen, während andere Leute noch nicht einmal daran dachten, Brötchen holen zu gehen. Aber das machte mir nichts aus, denn ich war schon als kleiner Junge ein Frühaufsteher. Das passte auch gut, weil meine Mutter am Wochenende immer etwas mit mir unternahm: die Großeltern besuchen, an den Badesee fahren oder eben Flohmarkt machen. Früher durfte man den Wagen noch direkt hinter dem Stand parken, wenn ich also zwischendurch müde wurde, legte ich mich hinten ins Auto und holte etwas Schlaf nach.

Anfänglich habe ich bei diesen Gelegenheiten meine Duplo-steine verkauft, weil ich mittlerweile eher mit Lego spielte. Als ich dann die Actionfiguren haben wollte, musste ich das Lego hergeben. So ging es meine ganze Kindheit immer weiter.

Als einmal ein Junge vor unserem Tisch stand und einen alten Plastikdinosaurier in die Hand nahm, um ihn genauer anzuschauen, versicherte ich ihm: »Nimm ihn, du kannst ihn haben, ich brauche ihn nicht mehr.« Das stimmte ja auch, ich spielte nicht mehr damit, und ich fand es völlig in Ordnung, wenn ein anderes Kind daran Freude hatte.

»Na, lass uns mal auf die Mama oder den Papa warten, dann reden wir erst einmal mit denen«, unterband meine Mutter meine altruistischen Anwandlungen. Ich musste wohl noch lernen, wie das geht mit dem Handeln. »Fuggeln« nannte meine Mutter das – feilschen, auch wenn es nur um Groschen-beträge ging. Aber das war ja auch der Sinn des Flohmarkts. So nebenher habe ich dann auch begriffen: »Der frühe Vogel fängt den Wurm.« Je früher wir auf dem Markt waren, desto weniger mussten wir am Ende wieder in unseren VW laden. Es ging aber auch darum, zu lernen, dass ich etwas dafür be-komme, wenn ich etwas gebe, also in diesem Fall Geld gegen Spielzeug. Meiner Mutter war es vor allem wichtig, dass ich zu Hause nicht alles hortete. Ich hatte zu viele Spielsachen, und irgendwann braucht man eine riesige Wasserpistole aus bun-tem Plastik wirklich nicht mehr.

Erst später habe ich realisiert, dass kein Kind der Welt so früh aufsteht, um zu verkaufen oder die besten Spielsachen zu bekommen: Ninja Turtles, Malblöcke, Power Rangers, Mäppchen, Brotdosen, Game-Boy-Spiele, Videofilme und so viel anderes cooles Zeug! Am wichtigsten jedoch war für meine Eltern, dass ich nichts bekommen habe, bevor ich nicht auch Spielzeug, mit dem ich nicht mehr gespielt habe, verkaufte.

Hortest du deine Sachen, oder fällt es dir leicht, dich von Dingen zu trennen?

Von dem Geld, das ich einnahm, habe ich mir neues Spielzeug gekauft oder habe es in meine Spardose getan, um mir später in Amerika etwas kaufen zu können. Bei meiner Tante Andrea gab es eh viel coolere Spielsachen als in Deutschland.

Außerdem fand ich an Flohmarkttagen toll, dass ich dort immer ein Matjes- oder Lachsbrötchen bekam. Alternativ gab es auch Würstchen vom Grill. Auf fast jedem Flohmarkt gibt es einen Stand mit gebackenen Hähnchen. Wir haben oft am frühen Nachmittag nach dem Abbauen ein Hähnchen für zu Hause gekauft, bevor wir wieder gefahren sind. Dann haben wir mit meinem Vater gegessen und noch etwas zu dritt gemacht. Meine Eltern haben sich immer liebevoll um mich gekümmert, es sind die besten Eltern, die ich mir nur wünschen konnte.

Zweite Heimat

Eine meiner schönsten Kindheitserinnerungen ist das Fliegen. Ich liebe diesen Moment, wenn man ins Flugzeug einsteigt und sich auf seinen Platz setzt. Die Minuten, die man darauf wartet, dass die Motoren starten, die Maschine auf die Startbahn einbiegt und man irgendwann bei lautem Getöse und in den Sitz gedrückt endlich abhebt. Ich mag den Geruch von Kerosin und von dem Kaffee, wenn er in diesen winzigen Bordküchen gebrüht wird. Er riecht heute noch genauso wie damals, was echt verrückt ist. Natürlich hat sich das Essen etwas verändert, aber im Grunde ist es immer noch das gleiche abgepackte Zeug wie früher. Und so schlecht es auch sein mag, ich liebe es, weil es mich an meine Kindheit erinnert.

Meine Tante, die Schwester meiner Mutter, lebt in den USA, und da sowohl meine Mutter als auch sie bei Fluggesellschaften arbeiteten, hatten und haben wir immer die Möglichkeit, günstiger an Tickets zu kommen. Meine Mutter bekam die Flüge zum Angestelltentarif und konnte meinen Vater mitnehmen, und ich bin als kleiner Junge immer umsonst mitgeflogen. Damals war es noch nicht so preiswert zu fliegen, daher waren die Flugzeuge nicht so voll, und mit unserem Stand-by-Ticket konnten wir problemlos auf Abruf Plätze bekommen.

In den USA haben wir neben Verwandten wie Andrea auch viele Freunde. Als Kind habe ich fast alle Ferien mit meinen Eltern entweder in Detroit oder in Georgia verbracht. Weil ich schon seit meiner frühen Kindheit so häufig in den USA war, ist das Land wie eine zweite Heimat für mich. In Deutschland habe ich mich immer total wohl gefühlt, aber Amerika war das Nonplusultra für mich. Dort schien alles irgendwie viel mehr Spaß zu machen – klar, es waren ja auch Ferien, und ich musste nicht in die Schule. Ich fühle mich noch heute wie ein Fünf- oder Sechsjähriger, wenn ich zum Beispiel in Detroit am Flughafen ankomme – nach Amerika zu fliegen, ist für mich immer, wie nach Hause zu kommen.

Aufgrund der vielen Zeit, die ich in Amerika verbracht habe, bin ich zweisprachig aufgewachsen. Wir waren manchmal zwei-, manchmal sogar dreimal im Jahr dort: in den Sommerferien sechs Wochen lang, noch mal drei Wochen im Winter und im Frühjahr hin und wieder auch für zwei Wochen. Mit meinem Onkel konnte ich nur Englisch sprechen, und so habe ich die Sprache gelernt. Weit zurück in der Vergangenheit meiner Familie habe ich sogar amerikanische Wurzeln. Mein Großvater mütterlicherseits, den ich nie kennengelernt habe und zu dem auch kein Kontakt besteht, ist Amerikaner. Ehrlich gesagt, weiß ich noch nicht mal seinen Namen. Und der Bruder meiner Oma, mein Großonkel, war in Kriegszeiten nach Kanada geflüchtet.

Meine Freunde in der Schule haben mich natürlich darum beneidet, dass ich alle Ferien in den USA verbringen konnte. Aber noch mehr haben sie mich darum beneidet, dass ich immer die neusten Spielzeuge von dort mitgebracht habe. Zum Beispiel den Game Boy, Nintendo oder Super Nintendo gab es in Europa, zumindest in Deutschland, immer erst viel später zu kaufen. Im Gegensatz zu jetzt, da ein neues Produkt zum Teil an demselben Tag weltweit der Öffentlichkeit vorgestellt wird, kam damals alles zuerst in den USA heraus. Die Kinofilme, die bei uns noch gar nicht liefen, brachte ich nach den Sommerferien auf VHS-Kassette mit. Natürlich waren sie auf

Englisch, aber das waren die meisten meiner Spiele und Bücher.

Einmal haben meine Eltern mir in Amerika ein BMX-Rad gekauft, das es in Deutschland noch nicht gab. Das haben wir dann mit zurück genommen. Das Rad hatte superbreite Reifen mit dicken Noppen, nicht diese dünnen Reifen, und war pechschwarz mit einem orangeroten Aufdruck *ROOOAAAR!* umringt von Flammen.

Dieses Bike war natürlich megacool und zu Hause in Deutschland erst recht! Damit bin ich dann durch Rodgau geheizt. Am Wochenende habe ich es mit zu meiner Oma Ursula genommen, die gemeinsam mit Opa Klaus in Langen einen Hausmeisterposten an einer Grundschule hatte. Wie damals üblich haben sie auf dem Schulgelände gewohnt, und ich hatte den ganzen Schulhof für mich alleine. Auch deshalb habe ich Oma und Opa so gern am Wochenende besucht. Ich konnte mit meinem coolen BMX-Rad den ganzen Tag von morgens bis abends dort herumkurven, ohne auf irgendetwas oder irgendjemanden Rücksicht nehmen zu müssen. Den ganzen Schulhof hatte ich für mich allein, und ich konnte die breiten Außentreppen hinunterpesen. Natürlich ging das nicht immer gut, ich bin oft vorwärts hingeknallt und habe mir übel das Kinn aufgeschlagen. Aber davon habe ich mich nicht abhalten lassen: zu Oma laufen, Kinn abwischen, Pflaster drauf und sofort wieder raus und rauf auf den Sattel, schließlich war es draußen noch hell und so wunderbar warm.

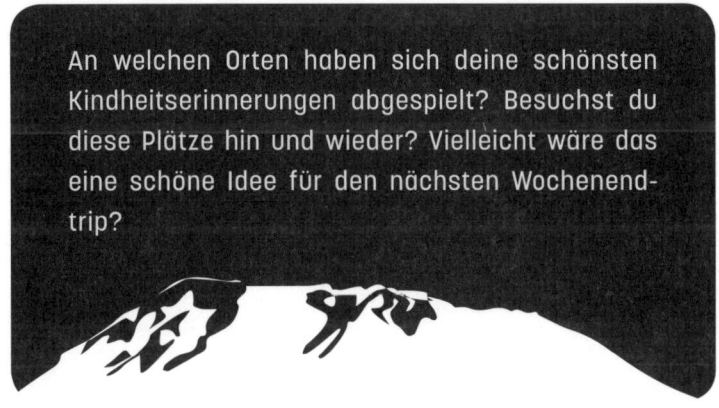

An welchen Orten haben sich deine schönsten Kindheitserinnerungen abgespielt? Besuchst du diese Plätze hin und wieder? Vielleicht wäre das eine schöne Idee für den nächsten Wochenendtrip?

Solange ich denken kann, hat mein Vater geangelt. Wenn wir in den Ferien in Georgia waren, hat er sich Ruten für das Hochseeangeln gekauft. Das waren drei bis vier Meter lange Ruten, mit denen er dann am Atlantikstrand stand und ich daneben. Haie hat er geangelt, aber nur zum Spaß, als Sport. Haie schlucken den Köder nicht, die beißen nur zu, das heißt, man kann sie hinterher relativ unversehrt zurück ins Wasser werfen.

Nur einmal hat Claus Haie zum Essen gefangen, aber das war eine absolute Ausnahme: Wir haben unseren Sommerurlaub in Georgia verbracht, und mein Vater hatte eine gute Saison, das heißt viel Glück beim Angeln. An einem Tag hat er einen Fisch nach dem anderen aus dem Meer gezogen und wieder hineingeworfen. Irgendwann hat mein Vater die Leine erneut rausgeschmissen, drei Minuten später hat er sie wieder mit einem armlangen Makohai dran eingeholt. So ging es stundenlang, bis er eine Pause brauchte. Nachmittags legte er die Ruten beiseite, um sich ein bisschen zu erholen und in der Sonne ein Nickerchen zu machen.

Wieder wach, wurde er von zwei Handwerkern angesprochen. An der Strandpromenade wurden die Häuser neu gedeckt, und die beiden hatten vom Dach aus beobachtet, wie mein Vater den ganzen Tag angelte. Sie hatten eine riesengroße blaue Kühlbox dabei und fragten ihn, ob er ihnen nicht ein paar Haie zum Abendessen abgeben könnte. Und am Ende des Tages hatte er für die Dachdecker die ganze Kühlkiste voller Haie geangelt. Makohai soll ja lecker schmecken, doch wenn ich mir vorstelle, wie viel Schwermetalle sie im Laufe ihres Lebens über ihre Beutetiere zu sich nehmen, glaube ich nicht, dass das ein gesundes Abendessen gewesen ist.

II ROLLEN

Ein Motzkopf auf vier Rädern

Aus allen Wolken fallen

Ich liebte es, mit meinen Kumpels während der Pausen auf dem Schulhof ein paar Bälle zu kicken. Selbst bei winterlichen Temperaturen taten wir das – auch in jenem November 1995, als ich zum ersten Mal Schmerzen in meinem linken Bein spürte. Es war ein Schmerz, wie wenn man sich den Musikantenknochen anstößt, nur ging er nicht mehr weg. Ich habe mir nichts daraus gemacht, aber das Bein tat weiter weh, deshalb erzählte ich nach drei Tagen meinem Vater davon. Außerdem hatte sich ein kleiner Hubbel direkt über dem Knie gebildet. Claus schmierte mir Sportsalbe auf die Stelle, doch es wurde nicht besser. Nach drei weiteren Tagen Behandlung mit der Salbe gingen wir zu unserem Hausarzt, weil die stechenden und pochenden Schmerzen nicht abebbten. Sofort schickte er uns zu einer Röntgenpraxis und sagte, wir sollten abends wiederkommen. Mit den Röntgenbildern kehrten wir zurück, weit nach achtzehn Uhr, der Hausarzt hatte auf uns gewartet. Er deutete auf dem Bild auf einen kleinen dunklen Fleck, der auf meinem Oberschenkel sichtbar war: In dem Hubbel über dem Knie verbarg sich ein Tumor. Abgesehen von einem Schnupfen war ich vorher nie krank gewesen, daher fielen wir aus allen Wolken und konnten es zuerst gar nicht glauben. Das war an einem Mittwoch.

Am nächsten Tag musste ich nicht zur Schule gehen, und am Freitag fuhr meine Mutter mit mir in die Universitätsklinik Frankfurt, wo weitere Untersuchungen durchgeführt wurden, die letztendliche Sicherheit über den Zustand meines Beins erbrachten. Bei einer sogenannten Knochenszintigraphie wurde mir ein leicht radioaktives Mittel gespritzt, das sich an meinen Knochen absetzte. Mit einer Gammakamera wurde verfolgt, wo genau sich die Substanz am Knochen befindet, um dann zu ermitteln, wie intensiv der Stoffwechsel dort ist. Ein erhöhter Stoffwechsel wird beispielsweise durch einen Bruch, eine Entzündung – oder eben Krebs – ausgelöst.

Aber ich hatte mir weder den Oberschenkel gebrochen noch war da eine Entzündung im Bein, also lautete die Diagnose: Osteosarkom. Natürlich verstand ich das zunächst nicht, und erst nach der Erläuterung des Arztes wusste ich, dass ich einen bösartigen Tumor in meinem Oberschenkelknochen hatte.

Schon am Montag darauf sind wir noch mal in die Klinik gefahren, und ich musste eine Unmenge weiterer Untersuchungen über mich ergehen lassen. Dass das möglich war, war reines Glück. Meine Mutter hatte noch am Freitag meinen Klassenlehrer angerufen und ihm gesagt, dass ich so bald nicht mehr zum Unterricht kommen würde. Wie es der Zufall wollte, kannte Herr Renkel jemanden im Verein »Hilfe für krebskranke Kinder«. Der wiederum meldete sich abends bei uns, um zu sagen, wo wir wann in welche Klinik fahren sollten, denn er hätte uns schon angekündigt. Andere Kinder, die nicht dieses Glück haben, müssen erst mal eine ganze Odyssee durchmachen und sich von einem Spezialisten zum anderen verweisen lassen. Sie müssen möglicherweise viele Wochen auf einen Termin warten. Wochen, in denen die Uhr tickt und ein Tumor weiterwachsen kann und die Unsicherheit wächst.

An diesem Montag haben wir uns auch gleich die Station des Krankenhauses angeschaut. Meine Mutter sagte: »Damit du weißt, wo du die nächste Zeit sein wirst.« Bei dieser Gelegenheit habe ich auch Barbara kennengelernt, die auf der

Station als Musiktherapeutin arbeitete und mit der ich später noch mehr zu tun haben sollte. Sie war sehr nett und stellte mir gleich die anderen Kinder vor. Auch das Spielzimmer zeigte sie mir, sogar ein Nintendo gab es!

Danach hatte ich fast schon gute Laune, doch die fand auf der Rückfahrt im Auto ihr Ende. Meine Mutter fragte mich: »Und, ist dir etwas aufgefallen auf der Station?«

»Die Kinder sind alle behindert«, antwortete ich von der Rückbank aus.

»Wieso meinst du, dass die behindert sind?«

»Die haben alle keine Haare mehr.«

»Ja, die Kinder nehmen so starke Medikamente, dass ihnen die Haare ausfallen.«

»Mama, heißt das, dass ich auch meine Haare verliere?«

Als meine Mutter mir dann erklärte, dass auch mir die Haare ausfallen würden, habe ich angefangen zu weinen.

32-4

An dem Tag, an dem ich schlagartig in die Erwachsenenwelt katapultiert werden sollte, traf ich Boris Becker. Er war damals mein Lieblingstennisspieler, und er und seine Frau Barbara besuchten die Kinderkrebsstation der Uniklinik Frankfurt. Das ist ja gar nicht so schlecht hier, dachte ich mir, als ich mit Straßenklamotten auf meinem Bett saß und eine gefühlte Ewigkeit auf Boris wartete. Als er endlich in mein Zimmer kam, signierte er ein T-Shirt für mich und redete dabei mit den Presseleuten. Ich unterhielt mich währenddessen mit Barbara, die ganz begeistert von meiner Gargoyles-Figur war, die mir meine Eltern auf einer Reise in die USA gekauft hatten. Die Actionhelden gab es damals in Deutschland nicht, und ich war ganz vernarrt in diese Monster, die tagsüber als Wasserspeier an Gebäuden hingen, nachts jedoch lebendig wurden und in New York City für Recht und Ordnung sorgten. Ich hatte meine Lieblingsfigur mitgenommen, ich dachte, wenn ich die bei mir habe, kann mir auch in der Klinik vielleicht nicht so viel passieren.

Am Morgen war ich mit meinen Eltern in die Uniklinik gefahren. Hier sollten die Ärzte den Tumor in meinem Bein behandeln.

»Mama, hier haben ja wirklich alle Kinder eine Glatze«, stellte ich fest, als wir auf Station 32-4 eintrafen. »32-4«, das ist der Name der Krebsstation für Kinder, weil es das Gebäude mit der Nummer 32, Station 4 ist. Niemals wurde die Station

»Kinderkrebsstation« genannt, für uns hieß sie immer nur »die 32-4«. Zahlen hörten sich in dem Zusammenhang weniger erschreckend an.

Ein langer freundlich gelber Flur, rechts und links Türen, selbstgemalte Bilder von Schneemännern und Schlittenfahrten an der Wand – der Winter stand ja vor der Tür. Man hatte sich Mühe gegeben, alles freundlich aussehen zu lassen. Was mir aber als Erstes auffiel, als wir aus dem Fahrstuhl ausstiegen, war dieser leicht beißende Zahnarztgeruch.

Mir war damals nicht die Bohne klar, was auf mich zukommen würde, aber der Anblick der sehr dünnen und bleichen Kinder, das machte mir bereits am ersten Tag Angst. Obwohl, ein bisschen cool fand ich es auch, in einem Krankenhaus zu sein. Und spannend.

Kaum waren die Beckers aus dem Zimmer gegangen, hieß es auch schon: »So, dann wollen wir jetzt mal anfangen!« Ich sollte eine Kanüle gelegt bekommen, und darauf war ich nach der aufregenden Begegnung mit dem Tennisidol und seiner hübschen Frau kein bisschen vorbereitet. Und überhaupt hatte ich noch nie in meinem Leben eine Spritze bekommen, und das wollte ich auch jetzt nicht. Eine der Krankenschwestern kam, um mir die Kanüle zu legen, doch ich wehrte mich nach Leibeskräften. Während meine Mutter mit Engelszungen auf mich einredete, plante ich schon meine Flucht, sprang vom Bett auf und verbarrikadierte mich mit einem Stuhl bewaffnet in der Zimmerecke. Weder die Aussicht auf ein Eis noch auf Fernsehverbot konnte mich aus meiner Festung locken. Erst als eine junge Ärztin ins Zimmer gerufen wurde, bröckelte langsam mein Widerstand. Diese Ärztin becirte mich. Mit sanfter Stimme erklärte sie mir die ganzen Gerätschaften, und dass dieser eine kleine Pikser nötig sei, um mir Blut abzunehmen und mir Medikamente zu verabreichen, die mich wieder gesund machen würden. Irgendwann hatte sie mich so weit, und ich willigte ein. Nachdem die erste Kanüle gelegt war, passte ich höllisch auf, dass ich meinen Arm nicht mehr bewegte. Ich wollte in jedem Fall vermeiden, dass der Schlauch aus der Vene rutscht und ich das ganze Prozedere noch mal durchmachen müsste. Danach wurde ich an einen Tropf gelegt, und die Medikamente der Chemotherapie fluteten zum ersten Mal in meinen kleinen Körper.

In meinem Krankenzimmer standen noch drei weitere Betten. Mit mir im Zimmer lag ein Junge mit einem sogenannten Ewing-Sarkom, auch einem bösartigen Knochentumor. Er stammte aus der Ukraine und sprach eigentlich gar kein Deutsch. Neben ihm gab es noch einen Jungen mit Leukämie, den Christoph, der im Laufe der Zeit mein bester Freund auf der Station wurde.

Viel früher als bei uns zu Hause gab es in der Klinik Abendbrot, und dann sollten wir auch schon alle ins Bett gehen. Ich musste mich erst daran gewöhnen, dass ich ja immer den Schlauch im linken Arm hatte, der zu einem Beutel mit den Medikamenten führte, der an einem Gestänge hing, das wiederum auf Rollen stand. Beim Zähneputzen wollte ich extra vorsichtig sein, so dass der Schlauch ja nicht aus meinem Arm rutschte. Ich stellte mich ein bisschen ungeschickt an, aber meine Mutter half mir. Sie blieb auch über Nacht bei mir, wie fast die meisten Nächte, die ich noch in Krankenhäusern verbringen sollte.

Für die Mütter oder Väter gab es Beistellbetten, die abends aus einer Kammer auf dem Flur geholt wurden. Meine Mutter bekam auch solch eine Klapppritsche neben meinem Bett aufgestellt. (Blieben also mal alle Mütter von den anderen dreien über Nacht, wurde es da ganz schön eng im Zimmer.) Und irgendwann schlief ich ein.

Wenn ich heute an diesen ersten Tag im Krankenhaus zurückdenke, dann fallen mir als Erstes diese verdammte Kanüle und Boris Becker ein. Ich stand am Anfang eines Matches, das aber nichts mit Tennis zu tun hatte.

Die Nachsorgeklinik Tannheim betreut krebskranke Kinder und Jugendliche und ihre Familien. Dreimal im Jahr fahre ich in den Schwarzwald und verbringe mit den Kids zwei Tage. Wir gehen beispielsweise zusammen in den Kletterwald oder spielen Minigolf. Dort wird mir immer sofort klar, dass das Kranksein bzw. Anderssein hier in der @deutsche kinderkrebsnachsorge (k)ein Thema ist: Erfahrungen mit Krebs, Chemotherapie, Operationen, Amputationen, Infekten oder Therapien jeglicher Art sind unsere Lagerfeuergeschichten.
Nach solchen Besuchen bin ich immer sprachlos. Diese Kids zeigen nicht nur der Welt, sondern vor allem auch sich selbst, dass sie jeden Tag aufs Neue annehmen, den Herausforderungen ins Gesicht lachen und ihr Leben leben, egal wie anstrengend es für sie ist. Sie sind Helden – und das, ohne es überhaupt zu merken!
Wer sind deine persönlichen Helden im Alltag?

Happy Birthday

Ab dem 26. November 1995 war die 32-4 mein zweites Zuhause, eigentlich nach den USA mein drittes. Während der Chemo war ich in der Klinik. In den Pausen, in denen ich keine Infusionen bekam, durfte ich über das Wochenende nach Hause. Das heißt: Ich durfte nur zu meinen Eltern, wenn ich kein Fieber hatte und meine Blutwerte okay waren. Und das waren sie oft nicht. Aber die eine Nacht von Samstag auf Sonntag im eigenen Bett zu schlafen war für mich sehr kostbar. Soweit möglich habe ich mein schauspielerisches Talent eingesetzt, um meinen Gesundheitszustand ein wenig aufzubessern, und bin häufiger am Samstag rausgekommen, als es eigentlich medizinisch ratsam gewesen wäre.

Nach so einem Wochenende in meinem eigenen Bett begann sozusagen der Anfang vom Ende meines Beins. Meine Mutter brachte mich am Sonntagabend zurück in die Klinik. Sie half mir aus dem Auto, und ich wartete, bis sie die Tür abgeschlossen hatte, damit sie mich auf dem Weg über den Parkplatz stützen konnte. Der Tumor drückte so auf das Knie, dass ich es nicht mehr richtig beugen konnte, aber daran hatte ich mich schon fast gewöhnt. Das Laufen ging an diesem Sonntag aber besonders schlecht, ich hatte wahnsinnige Schmerzen. Der Weg durch die Autos hindurch, in den Aufzug und den Stationsflur entlang kam mir unüberwindbar vor.

»Hallo, Tommy, da bist du ja wieder! Hallo, Frau Belz!«

Schwester Ingeborg kam uns aus dem Stationszimmer entgegen. Dann sah sie mich mit großen Augen an. »Was ist denn mit dir?«

»Was mit mir ist? Wieso?«

»Du siehst gar nicht gut aus. Mit dem Gehen klappt's heute schlecht?«

»Hm.«

»Das müssen wir uns morgen genau anschauen.«

Nach ein paar Untersuchungen kam am nächsten Tag schließlich beim Röntgen heraus, dass mein Bein gebrochen war.

»Tom, du bekommst jetzt einen Rollstuhl.«

Und schon war es passiert. Es ging so schnell, dass ich gar nicht wusste, wie mir geschah.

»Für immer? Sitze ich jetzt für immer im Rollstuhl?«

Der Kloß in meinem Hals war so groß, dass ich keine Luft mehr bekam. Mir standen Tränen in den Augen, nicht nur wegen der Schmerzen, sondern weil ich einfach so wütend war. Ein Rollstuhl, echt jetzt?

Der Alltag in der Klinik war geprägt von den Infusionen für die Chemotherapie und von Untersuchungen. Den Rest der Zeit habe ich mich ausgeruht oder mit Christoph und den anderen gespielt. Mit Christoph verband mich so etwas wie eine Hassliebe. Er hatte Leukämie, und wir haben uns gegenseitig gestützt und getröstet, haben miteinander gespielt und gemalt, haben uns aber auch ganz schön angeätzt. Das war schwierig, waren wir doch mehr oder weniger Tag und Nacht zusammen, weil wir auf demselben Zimmer lagen.

Auf der Station gab es auch Schulunterricht, oder etwas, was so tat, als sei es Unterricht. Von montags bis freitags sollte eine Lehrerin dafür sorgen, dass die Kids nicht völlig abgehängt wurden, was den Schulstoff angeht. Mann, was hat diese Frau mich genervt! Mit ihrer Art kam ich einfach nicht richtig klar. Dann hat meine Mutter interveniert, denn mich auch noch auf irgendwelche Sachen zu konzentrieren, während Zytostatika durch meinen Körper flossen und ich gegen den Krebs ankämpfte, das war ein bisschen zu viel. Das war einfach alles zu anstrengend für mich. Die Lehrerin hat sich erst gesträubt: Man muss die Kinder doch unterrichten! Aber dann fand sie einen Weg, wie sie mir doch einen Hauch Wissen beibringen konnte, nämlich indem sie mir vorlas. Obwohl ich sonst ständig unterwegs war und viel quasselte, war ich in solchen Situationen mal ruhig. *Die unendliche Geschichte* von Michael Ende fand ich total blöd, aber sie hatte den Vorteil, dass ich wenigstens keine Schulaufgaben machen musste.

Bis dahin hatte ich noch beide Beine und auch meine Haare. Als klar war, dass ich eine Chemo bekommen und irgendwann meine Haare verlieren würde, hatte mir meine Mutter die Haare schon sehr kurz schneiden lassen und auch das »Schwänzchen« abgeschnitten. Im Nacken hatte ich einen kleinen dünnen Zopf, der mir bis zur Mitte des Rückens reichte. Mir brach das Herz, denn ich war so stolz auf meinen Zopf. Den hatte außer mir niemand in der Schule! Auch meine Mutter hatte an der Seite ein ähnliches Zöpfchen, das sie am selben Tag ebenfalls abschnitt. Im Dezember an einem Sonntag, als ich nach Hause durfte, bestellte meine Mutter dann eine Friseurin und bat sie, mir die Haare zu schneiden.

»Was soll ich machen, er hat ja schon so kurze Haare? Eine Glatze?«

»Genau, ganz kurz, wir machen eine Glatze!«

»Sind Sie sicher? Aber warum denn?«

Nach einem Blick von meiner Mutter fing sie an, ihre Schere auszupacken, während ihr die Tränen über das Gesicht liefen.

Meine Mutter ist schon offen damit umgegangen, dass ich Krebs hatte, aber in meinem Beisein hat sie es nie ausgesprochen. Mir gegenüber hat sie immer von einem Tumor gesprochen, wobei ich mit dem Wort eigentlich wenig anfangen konnte. Obwohl ich ja wusste, was das ist: die Beule über meinem Knie.

Erst viel später hat mir meine Mutter erklärt, dass man an einem Tumor auch sterben kann. Ich habe damals die Augen aufgerissen und gesagt: »Aber ich will doch gar nicht sterben.« Sie antwortete mit ruhiger Stimme: »Deswegen muss der Tumor weg.«

Sterben wollte ich nicht, das war schon mal klar. Wobei ich mir unter Sterben nicht richtig etwas vorstellen konnte. Ich wusste, dass man an einem Tumor sterben kann und dass Kinder, die mit mir auf der 32-4 waren, gestorben waren. Einige von ihnen kannte ich und hatte sogar mit ihnen gespielt. Eines Morgens war dann das Bett von der kleinen Sophie leer. Und wenig später kam ein neues Kind und nahm dann den Platz in ihrem Zimmer ein. Ich war umgeben von dünnen, bleichen Kollegen, die zum Teil Babys waren, zum Teil schon aufs Gymnasium gingen. Alle hatten Glatzen, und alle bekamen Chemo – aber das war Normalität, irgendwann hatte ich mich daran gewöhnt. Zu sterben war ein abstrakter, diffuser Gedanke, der schnell verflog. Die Angst vorm Sterben war eher ein Gefühl, das blieb: ein kalter Nebel, der sich auf die Schultern legt und dann deinen Rücken hinunterkriecht.

Zu Weihnachten durfte ich für einige Tage nach Hause. Ich war megafroh, wieder in meinem Bett schlafen zu können und mein Zimmer für mich zu haben. Doch als ich zu Hause ankam, habe ich erst mal einen riesigen Schock bekommen: Wo früher mein Hochbett war, stand nun eine leeres Gestell.

»Was habt ihr mit dem Bett gemacht?«, fragte ich meine Mutter irritiert.

»Tommy, wir haben es umgebaut.«

»Mama, aber warum denn?«

»Du kannst mit deinem Bein doch nicht mehr die Leiter hochklettern, Schatz.«

Mann, war ich wütend. Darüber, dass meine Eltern einfach so mein Bett umfunktioniert hatten. Darüber, dass ich jetzt gar kein cooles Hochbett hatte, und darüber, dass sie wahrscheinlich recht hatten. Ich war besonders sauer auf den Tumor, denn der war schuld an allem!

Von der Chemo war ich ziemlich erschöpft und konnte nicht viel machen. Was aber auch wiederum nicht so schlimm war, weil ich ja sowieso keinen Besuch von meinen Freunden bekommen oder gar selbst raus durfte, um die Gefahr, mir eine Erkältung oder irgendeine andere Infektion einzufangen, gering zu halten. Deshalb durften sich auch nicht zu viele Personen in dem Zimmer aufhalten, in dem ich war. Eine Superidee, vor allem zu den Feiertagen! Es hieß, es sollten nicht mehr als drei oder vier Leute mit mir im Raum sein, aber daran haben wir uns gar nicht gehalten. Zu Weihnachten waren meine Großeltern und sogar meine Tante Andrea aus den USA mit ihrer Familie da, und wir haben groß gefeiert. Unter dem Tannenbaum saß ich im Rollstuhl. Auf den Fotos bin ich extrem dünn. Mein linkes Bein habe ich immer festhalten müssen, wenn ich mich bewegt habe, weil es schon keine Kraft mehr hatte und einfach schlaff herunterhing.

Schon am zweiten Weihnachtstag musste ich wieder zurück auf die Station, weil es mit der Chemo weiterging. Doch zu Silvester durfte ich wieder kurz nach Hause, und wir haben bei Freunden von meinen Eltern gefeiert.

Danach stand gleich das nächste Fest an, denn ich habe im Januar Geburtstag. Eigentlich sollte ich zum Feiern nach Hause, aber am Tag zuvor hatte ich wieder Fieber, was ich nicht verbergen konnte, und so durfte ich die Klinik nicht verlassen. Mein Blutbild war zu schlecht – mal wieder. Ich war total enttäuscht. Meine alten Freunde durfte ich ja auch nicht einladen, weil fremde Kinder nicht auf der Station erlaubt waren.

Aber als ich am nächsten Morgen aufwachte, war doch alles nur halb so schlimm. Meine Mutter hatte mit ihrer Freundin Ingrid das Zimmer mit Girlanden und bunten Luftballons geschmückt, als ich noch schlief.

»Dann feiern wir eben unsere eigene Party«, sagte sie.

Es gab Kuchen, auch für die anderen Kinder, und sogar mein Getränkehalter, eine aufblasbare Torte mit einem Loch in der Mitte für das Glas, war da! Der durfte nämlich seit Jahren auf keiner Feier fehlen. Mein Vater kam auch, und dann war wieder alles okay. Vor allem, weil ich ein so cooles Geschenk von Andrea bekommen hatte: einen riesengroßen Batman auf einem Pferd. Alles, was mit Actionfiguren oder Comics zu tun hatte, war bei mir ganz groß und konnte mich auch in dieser Zeit begeistern.

Und noch etwas machte meinen neunten Geburtstag speziell: meine erste Bluttransfusion! Am Tag zuvor waren meine Werte so schlecht und ich war so schwach gewesen, dass die Ärzte entschieden, mir zu meinem Geburtstag »einen auszugeben«. Damals habe ich das kaum mitbekommen, doch an meinem Geburtstag fühlte ich mich einigermaßen wach, und es ging mir ziemlich gut.

Charmantes Monster

»Nee, keine Lust, warum soll ich da hin?« Ich wandte mich wieder meinen Actionfiguren zu.

»Komm, der will dich näher kennenlernen. Und dem kannst du auch alles erzählen«, meine Mutter blieb geduldig.

»Was soll ich dem denn erzählen?«

»Na, was dich so beschäftigt.«

»Was beschäftigt mich denn?«

»Hm, vielleicht, dass du krank bist und nicht mehr laufen kannst?«

Die Psychologen auf der Station fand ich blöd. Ich sah keinen Sinn darin, mit denen zu reden. Was wollten die denn von mir? Wenn die sich mit mir unterhalten wollen, sollten sie doch zu mir kommen. Wenn ich reden will, dann kann ich auch mit einer Wand reden, dachte ich mir.

Auf der 32-4 galt ich als Problemkind, weil ich nicht immer nett und brav war. Mit den meisten Ärzten wollte ich nicht sprechen, weil sie immer so taten, als wüssten sie alles. Keiner von denen hat mich jemals gefragt, ob ich mit alldem einverstanden bin. Von ganz weit oben herab haben sie mir immer erzählt, wie es zu laufen hat.

»Ich erkläre dir mal, wie das jetzt ist, nämlich so und so ...« Ewig gleich liefen diese Gespräche ab.

Dann haben sie von mir entweder eine dumme Antwort bekommen oder tatsächlich auch mal den Stinkefinger. Natürlich sollte ich dann mit einem Psychologen reden, wen wundert das? Doch was sollte ich mit dem schon groß besprechen? Ich war krank, schon vor Monaten waren mir alle Haare ausgefallen, ich hatte Schmerzen, und die Kinder um mich herum starben. Was gab es dazu schon noch zu sagen?

Dann wurde Klaus zu Hilfe geholt. Dr. Klaus Siegler war in der Uniklinik Psychoonkologe und arbeitete in der Ambulanz, er war also eigentlich gar nicht für mich zuständig. Dort betreute er krebskranke Kinder psychologisch, half ihnen, auch mit dem Stress, den Krebs für den Einzelnen bedeutet, umzugehen. Als die Ärzte auf der 32-4 nicht mehr ein noch aus wussten, baten sie ihn um Rat bei diesem schwierigen Jungen, der sich weigerte, mit einem der Stationspsychologen zu sprechen.

Zuerst war ich hin- und hergerissen: Auf der einen Seite fand ich diesen neuen Arzt so blöd wie die anderen auch, auf der anderen Seite war er der Erste, der mir zuhörte. Ich war neun Jahre alt, und er war so Anfang vierzig, aber irgendwie konnte ich mich mit ihm unterhalten.

Klaus wählte einen ungewöhnlichen Weg, mit mir zu sprechen, denn er war authentisch. Weil er auch seine eigenen Gefühle zeigte, war er für mich letztendlich kein seelenloser weißer Kittel wie die anderen – denn die meisten Ärzte zeigten keine Gefühle. Häufig gab es von ihnen eine Diagnose, aber keine Emotionen. Im Gegensatz zu ihnen war Klaus kein Arzt, sondern ein Mensch. Und ich fing an ihn zu mögen, außerdem konnte ich durchaus auch mal charmant sein. Ein »charmantes Monster« nannte er mich.

Manchmal waren die Gespräche wirklich schwierig, zum einen redete er mit Engelszungen auf mich ein, zum anderen war er auch drakonisch. Einmal wollte er mir die weiteren Therapieschritte erklären, und weil ich ihm ständig dazwischenredete, schob er mich mit meinem Rollstuhl einfach vor die Tür. Er schmiss mich tatsächlich raus.

An ihm konnte ich aber auch meinen Frust ablassen, aus heutiger Sicht habe ich ihn vielleicht ein bisschen als Punching Ball missbraucht. »Du musst mich gesund machen. Das ist deine Aufgabe. Ich will wieder gesund werden.« Das war meine Ansicht: Er war dazu da, Kinder wieder gesund zu machen, also sollte er das auch tun und nicht so lange herumlabern!

Ein anderes Mal war ich bei ihm, und wie immer war ich sehr ungeduldig, gleichzeitig aber auch neugierig. In seinem Behandlungszimmer stand eine hölzerne Gliederpuppe wie für den Kunstunterricht, und für mich war es ein Fest, ihr bei jedem Besuch die Arme und Beine zu verdrehen. Oder ich zog jede einzelne Schublade in seinen Schränken auf.

»Was machst du da?«

»Och, ich wollte nur mal gucken, was hier so drin ist.«

Damit habe ich ihn wahnsinnig gemacht, aber ich wollte wirklich einfach nur wissen, was sich in den Schubfächern befand.

In seinem Zimmer stand auch ein Modell des menschlichen Oberkörpers mit den einzelnen Organen zum Rausnehmen, das habe ich später im Biounterricht wiedererkannt. Immer und immer wieder habe ich die Organe herausgenommen und mir fest vorgenommen: Diesmal schaffe ich es, alle wieder in der richtigen Reihenfolge einzusortieren. Aber natürlich hat es kein einziges Mal geklappt, und dann lagen der Magen oder das Zwerchfell auf dem Boden herum. Klaus war immer ruhig, selbst wenn er ungehalten war, und hat es mir noch einmal ganz langsam erklärt.

»Also, erst kommen die beiden Nieren, und hier oben kommt die Milz hin.«

Doch da hatte ich mich einfach schon umgedreht, um mich in einer anderen Ecke mit etwas Neuem zu beschäftigen. Ich habe einfach genervt, aber das war auch Mittel zum Zweck, ich wollte Klaus provozieren. Im Nachhinein glaube ich, dass sich durch diese Provokationen das Verhältnis Arzt – Patient zu etwas anderem entwickelte, über Interesse und vielleicht auch Ärger hinaus wurde Sympathie.

Klaus sprach auch mit meinen Eltern. Da er meine Krankenakte kannte, begleitete er meine Behandlung. Schon früh drängte er meine Mutter, einer Amputation zuzustimmen, »denn die Zeit rennt«. Im Klartext hieß das: Je länger wir mit der Amputation warteten, desto mehr stieg die Wahrscheinlichkeit, dass der Tumor metastasieren könnte.

Neben der Erkrankung bedrückte mich aber auch etwas anderes. Ich bekam mit, wie gestresst die Eltern der anderen Kinder auf der 32-4 waren. Sie zickten sich häufig an, und die Eltern von Joachim trennten sich sogar, obwohl er mit Krebs in der Klinik lag und vielleicht sterben würde! Ich fürchtete, auch meine Eltern würden sich unter dem Druck trennen, aber als ich meine Mutter danach fragte, lachte sie nur und sagte: »Tommy, so etwas gibt es bei uns nicht!«

Auf der einen Seite hat Klaus mich liebevoll machen lassen, auf der anderen Seite hat er mir Grenzen gesetzt und ganz klar gesagt: Dieses und jenes geht jetzt nicht, weil mein Immunsystem zu schwach ist, meine Leukozytenwerte zu niedrig sind und ich sterben könnte, wenn ich weiter darauf bestehe, zur Gartengeburtstagsparty eines Kumpels zu gehen. Klaus war Arzt, Erziehungsinstanz und Mentor, ich habe ihm absolut vertraut, weil er immer Klartext mit mir geredet hat.

Deshalb war es mit ihm anders, als mit meinen Eltern zu sprechen, denn die wollten ja stark sein. Natürlich wollten sie für mich da sein, aber wenn ich dann auch sah, wie sie versuchten, vor mir ihre Tränen zu verbergen, hatte ich das Gefühl, ich müsste für *sie* stark sein. Aus diesem Grund habe ich ihnen manchmal vorgespielt, dass mir einiges gar nicht so viel ausmachte.

Und bei Klaus drehte ich auf.

»Aber vielleicht werden meine Werte ja zum Wochenende besser, das sind ja noch zwei Tage hin.«

»Das geht leider nicht, du kannst nicht auf diesen Kindergeburtstag, du bist dafür leider zu schwach.« Klaus war total ehrlich zu mir.

»Aber das stimmt doch gar nicht, mir geht es voll gut heute«, hielt ich dagegen.

»Ich weiß ja, dass du gern auf den Geburtstag gehen möchtest. Und vielleicht ist es heute so, dass du meinst, es gehe dir gut, aber das Risiko ist zu groß, dass du dich draußen mit irgendwas ansteckst.«

»Aber ich will.«

»Das geht nicht. Und du weißt sehr gut, dass es nicht geht.«

»Ich will aber. Ich will aber!«

»Jetzt hältst du mal die Schnauze.«

Ich quatschte ihm wieder zu viel. Klaus war ein Mensch, mit dem ich irgendwie das Gefühl verband, wir seien vielleicht nicht auf Augenhöhe, aber wir respektierten einander tief. Und so blöd es klingen mag: Ich habe ihn gebraucht. Ohne Klaus wäre ich vielleicht nicht lebend aus diesem Krankenhaus rausgekommen.

Houston, we have a problem

Trotz der anhaltenden Chemo wurde mein Bein nicht besser. Es hing immer noch schlaff an meinem Rumpf herunter, als würde es gar nicht mehr so recht zu mir gehören. Außerdem war mein Alltag mit dem Bein wahnsinnig umständlich: Weil der Oberschenkelknochen gebrochen war und die Muskeln mittlerweile gar keine Kraft mehr hatten, selbst zu arbeiten, musste ich es mit beiden Armen anheben und dorthin »ablegen«, wo ich es haben wollte – auf das Bett oder in den Rollstuhl, und auch beim Aufstehen war es im Weg. Ganz zu schweigen von den Schmerzen, die ich die ganze Zeit hatte.

Trotzdem überraschten meine Eltern mich mit der Nachricht, dass es wieder mal nach Amerika gehen sollte. Zunächst dachte ich: Wie cool! Wir fahren wieder in die USA! Und ich darf mir noch ein paar Gargoyles aussuchen!

So richtig wusste ich aber eigentlich nicht, warum meine Eltern mit dieser Überraschung um die Ecke kamen. Ich konnte ja gar nicht mehr gehen und saß jetzt die ganze Zeit im Rollstuhl. Mir wurde das von ihnen ein bisschen so verkauft, dass ich mir dort den Rest der Superhelden-Mannschaft, die Figuren, die ich noch nicht hatte, kaufen durfte. Da war ich natürlich sofort dabei! Aber ein paar Dinge kamen mir seltsam vor. Ich fand es komisch, dass meine Mutter auf dem Rückflug nach wirklich wunderschönen Tagen so unglaublich mies drauf war, und ich wunderte mich im Nachhinein ein bisschen, dass mich die Ärzte überhaupt hatten gehen lassen.

Zunächst aber freute ich mich voll, dass es wieder einmal in die USA ging. Meine Mutter hatte außerdem einen Termin in einer Spezialklinik gemacht, wo ich noch einmal untersucht werden sollte. Aber wir hatten auch noch so viel anderes vor!

Mitkommen sollten meine Mutter und meine Patenoma Margitta. Meine Eltern hatten Margitta, die Tante meines Vaters, ins Herz geschlossen, und ich hatte sie als Ersatzoma adoptiert. Da er ein wenig unter Flugangst litt, sollte mein Vater bei dieser spontanen Reise daheimbleiben. Dabei hatte ihn das sonst aber auch nicht davon abgehalten, mit uns in den Urlaub zu fliegen. Unser Reiseziel war Houston, Texas also. Dort war ich noch nie, ich war also gespannt auf die neuen Eindrücke.

Bevor es losging, war ich zwei Tage zu Hause. Die Ärzte hatten mich zuvor über zwei Wochen lang mit relativ vielen Medikamenten aufgepäppelt, damit ich die Reise antreten konnte. Außerdem durfte ich in der Woche, die wir weg sein wollten, keine Chemotherapie haben, weil die nicht unterbrochen werden durfte. Am Ende hing es nur noch von meinem Blutbild ab, ob wir tatsächlich starten konnten. Das Blutbild war in Ordnung, und dann hieß es von den Ärzten: Okay, du kannst fliegen. Wegen der Medikamente, aber auch weil ich zu jener Zeit keine Chemo hatte, ging es mir relativ gut. Abgesehen natürlich davon, dass ich nach wie vor eine Glatze hatte und total dünn war, was mich auch anfälliger für Infekte machte.

Auf alle Fälle freute ich mich sehr auf das Fliegen und darauf, im Flugzeug pausenlos Filme gucken zu können. Doch Oma Margitta war noch nie zuvor geflogen, was natürlich auch ein bisschen schwierig war, wie ich als alter Hase in Sachen Fliegerei fand. Wir sind damals Business Class geflogen, das war auch für mich etwas Neues und hat mir natürlich ziemlich gut gefallen. Die Airline hatte das organisiert – sehr, sehr nett von denen! Sogar schlafen konnte man auf den superbequemen Sitzen. Und die Stewardessen haben mich total verhätschelt, was ich ja auch ganz gut fand.

Bis dahin hatte ich keine Ahnung, was der eigentliche Grund der Reise war. Meine Mutter hatte bei ihren Recherchen über Freunde, Bekannte, andere Ärzte und Bücher – damals war das Internet ja noch nicht so verbreitet, was jetzt in zwei Minuten mit ein paar Mausklicks erledigt ist, dauerte 1995 Tage – einen auf Osteosarkome spezialisierten Arzt gefunden, der in einem Krebskrankenhaus in Houston tätig war. Sie hatte alle Hebel in Bewegung gesetzt, dass er sich mein Bein anschaute. Ihre Hoffnung war, dass dieser Arzt vielleicht einen Weg sah, den Krebs in meinem Bein aufzuhalten, damit es geheilt werden könnte.

Als Erstes sind wir kurz nach unserer Ankunft zur Klinik gefahren. Dort angekommen, habe ich noch mal viele Untersuchungen über mich ergehen lassen müssen und mir wurde zum hundertsten Mal Blut abgenommen. Immerhin wurden aus Frankfurt die Proben der Biopsie herübergeschickt, damit die Amerikaner sie sich angucken konnten und mir nicht ein weiteres Mal Gewebe entnommen werden musste. Diese Klinik hat mir damals überhaupt nicht gefallen. Dort gab es nur olles Holzspielzeug, Klötze wie für Kleinkinder und Schaufeln, obwohl von einer Sandkiste weit und breit nichts zu sehen war. Das war für mich als Neunjährigen superlangweilig. In der Uniklinik Frankfurt waren die viel besser auf uns junge Patienten eingestellt!

Am nächsten Tag schon erhielt meine Mutter die Ergebnisse von dem Prof, doch was dabei herausgekommen war, sollte ich erst viel später erfahren. In dem Moment war mir das aber auch gar nicht so wichtig. Kurz nachdem meine Mutter die Ergebnisse bekommen hatte, sind wir nämlich losgefahren zum Einkaufen, und ich durfte mir wirklich alle Gargoyles aussuchen, die ich gerne haben wollte.

Hatte ich während unserer Reise Stress mit meiner Mutter, dann hat Margitta auf ihre Art immer ausgleichend gewirkt. Das hat sie wirklich gut gemacht, und ich glaube, dass diese Reise so toll war, weil sie mit dabei war. Oma Margitta hat es gerissen! Dabei sprach sie kein Wort Englisch. Einmal war ich allein mit ihr unterwegs, weil meine Mutter etwas besorgen musste. Wir sind Taxi gefahren, und die Fahrerin fragte sie etwas, schließlich war sie ja die Erwachsene.

»So where do you plan to go next?«

»German, German, ich nix verstehen«, hat Oma immer und immer wieder geantwortet. Hinten im Wagen habe ich mich heimlich kaputtgelacht. Ich konnte zwar Englisch sprechen, aber ich habe extra nichts gesagt, weil ich hören wollte, wie meine Oma mit der Taxifahrerin redet. Ein bisschen habe ich sie da hochgehen lassen, was bis heute noch ein Running Gag auf unseren Familienfeiern ist. Genau diese Storys werden dann immer ausgepackt, und wir können heute noch darüber lachen.

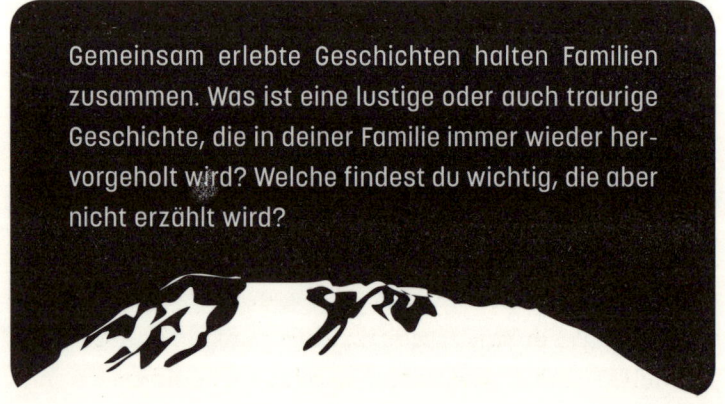

Gemeinsam erlebte Geschichten halten Familien zusammen. Was ist eine lustige oder auch traurige Geschichte, die in deiner Familie immer wieder hervorgeholt wird? Welche findest du wichtig, die aber nicht erzählt wird?

An Houston habe ich eigentlich nur gute Erinnerungen, es war eine schöne Zeit für mich. Ständig hat es zwar wie aus Eimern gegossen, aber wir haben jeden Tag etwas anderes unternommen. Es war auch nicht so schlecht, dass ich im Rollstuhl saß, weil die Amis sehr viel Verständnis und Mitleid für Krebspatienten zeigen. Da ich eine Glatze hatte und so bleich und dünn war, wurde einiges möglich gemacht.

Einmal sind wir in einen Zoo gegangen, während es wieder mal in Strömen goss. Als ein Parkwächter sah, dass ich im Rolli saß, gesellte er sich zu uns und gab uns dann eine Privatführung durch den Zoo. Was wollte ich denn als Erstes sehen? Mich haben natürlich am meisten die Tiere aus Afrika interessiert: Giraffen, Löwen, Elefanten. Für mich hat der Parkwächter sogar die Tiere aus den Terrarien herausgeholt, damit ich sie streicheln oder zumindest von nahem angucken konnte. Das waren zum Beispiel eine Wüstenrennmaus, ein kleines Krokodil oder eine richtig fette Echse. Als ich sie streichelte, fühlte sie sich an wie ein warmer Sandsack. Natürlich durfte ich aufgrund der Infektionsgefahr nicht alles anfassen, beim Känguru war mir plötzlich aus unerklärlichen Gründen ein bisschen mulmig zumute. Und ständig musste ich mir die Hände desinfizieren. In ihrer Handtasche hatte meine Mutter zig kleine Tuben und Fläschen mit Desinfektionsmittel dabei. Das ist mir schon mächtig auf die Nerven gegangen, immer aufpassen zu müssen oder zu hören: »Hast du dir danach die Hände desinfiziert?«

Abgesehen davon war der Trip für mich total schön. Komisch war eben nur, dass meine Mutter auf dem Rückflug so still war und sehr grau im Gesicht aussah. Ich konnte ja zu diesem Zeitpunkt nicht ahnen, was dahintersteckte – das erfuhr ich erst, als wir zurück in Frankfurt waren.

Was bei dem Krankenhausbesuch in Texas herauskam, war Folgendes: Der Prof in Houston hielt es für theoretisch möglich, einen Oberschenkelstumpf zu erhalten. Das war aber mit dem Risiko verbunden, dass sich Metastasen bildeten, die im ärgsten Fall zu meinem Tod hätten führen können. Die Entscheidung lag allein bei meiner Mutter bzw. meinen Eltern: Stumpf mit Risiko oder Totalamputation mit der Chance, gesund zu überleben? Diese Entscheidung konnte niemand, weder die Ärzte noch Klaus, den beiden abnehmen, und letztendlich hieß es dann: Totalamputation. Zu dieser Entscheidung kam meine Mutter nach einem Gespräch mit einer anderen Mutter auf der 32-4, die ihren Sohn an den Krebs verloren hatte.

»Lass das Bein abnehmen, dann kannst du deinen Jungen vielleicht behalten«, sagte die Mutter zu ihr.

Schlechte Nachrichten für den Werwolf

Nach unserer Reise war ich guter Dinge, da ich doch so viele schöne Sachen in den USA erlebt und noch die Gargoyles und einen Ninja Turtle mit nach Hause gebracht hatte, die ich stolz Christoph zeigte. Denn nach der Rückkehr aus Houston kam ich direkt wieder in die Klinik, weil die Chemotherapie fortgesetzt werden musste. Darauf hatte ich ja eigentlich keine Lust, aber ich wusste, ich würde nicht drum herumkommen. Und zurück in die Schule war ja so richtig auch keine Alternative für mich, zumindest was den Spaßfaktor angeht. Also bezog ich wieder mein Bett auf der 32-4 und freute mich eigentlich auch, Christoph wiederzusehen. Inzwischen war auch eine neue Patientin auf der Station angekommen, die wahnsinnig dünn und bleich aussah.

Ich kehrte an einem Donnerstag auf die Station zurück, dem Tag, an dem Michaela immer die Station besuchte. Michi war Pädagogin und brachte Woche für Woche immer starke Bastelideen mit. An diesem Tag hatte sie Gipsbinden, einen riesigen Topf Niveacreme und Farben im Gepäck. Wir würden uns selbst Masken basteln! Michi zeigte uns, wie das ging. Als Erstes haben wir uns die Gesichter dick mit Nivea eingeschmiert und dann gegenseitig die eingeweichten Gipsbinden aufs ganze Gesicht gelegt. Eine Riesensauerei war das, mir hat es wahnsinnigen Spaß gemacht! Es dauerte eine Weile, bis der Gips hart war und wir die Masken vorsichtig herunternehmen konnten, was an den Augenbrauen und Haaren ordentlich geziept hat. Sobald die Masken ganz und gar ausgetrocknet waren, konnten wir sie mit unseren Lieblingsfarben bemalen. Nach bunt war mir nicht so zumute, denn ich wollte eine Werwolfmaske machen. Meine Leidenschaft galt nämlich Vampiren, Werwölfen und Monstern, die ich aus dem Fernsehen kannte. Eigentlich durfte ich solche Filme nicht sehen, aber manchmal hatte es mir mein Vater erlaubt, ohne dass meine Mutter davon erfuhr. Mit Braun und Schwarz bemalte ich meine Maske, die Augenhöhlen habe ich ganz schwarz gemacht und um den Mund herum ordentlich mit roter Farbe Blut gekleckst, damit das Maul monstermäßig aussah. Ich war ziemlich zufrieden mit meinem Werk, als meine Mutter mich unterbrach und sagte, ich solle doch mal mitkommen. In meinem Rolli schob sie mich in mein Zimmer, das ich mit Christoph teilte. Der war aber gerade nicht da. Sonst war alles wie immer: Das Bett war ganz heruntergefahren, die seitliche Ablage am Nachttisch war heruntergeklappt, auf dem Tischchen standen mein Lieblingsglas mit dem Wellenmuster, mein neuer Gargoyle aus Houston und meine Medizin. Auf dem Bett lag die Decke mit der hellgelben Bettwäsche, die mit kleinen Clownsfiguren bedruckt war, ordentlich glatt gestrichen.

Ich habe mich aus dem Rolli heraus auf das Kopfende meines Bettes gesetzt, meine Mutter ans Fußende. Es dauerte eine Weile, bis ich mein linkes Bein auf das Bett gewuchtet hatte, um das rechte Bein anwinkeln zu können und es mir bequem zu machen – umständlich so was!

»Tommy, wir müssen über etwas reden.« Meine Mutter sah auf die Knopfleiste ihrer hellblauen Bluse hinab. Es entstand eine Pause. Dann fing sie an zu weinen, und es dauerte eine Weile, bis sie weitersprechen konnte.

Was war los? Ich wusste ja, wenn meine Mutter anfängt zu weinen, dann musste etwas im Busch sein.

»Ich weiß nicht, wie ich dir das sagen soll.«

Mir war mulmig. Mein Herz raste.

»Ich habe gesagt, ich will immer ehrlich zu dir sein, deswegen sage ich es jetzt geradeheraus: Der Krebs hat gewonnen. Der Tumor wächst immer weiter, den kann man nicht mehr stoppen. Und deshalb muss das Bein ab.«

Ich konnte plötzlich nicht mehr schlucken und bekam nicht mehr richtig Luft. Irgendwas rauschte ganz laut in meinen Ohren, und dann rannen mir Tränen übers Gesicht.

Meine Mutter saß da, war ganz nah und doch so weit weg, und dann bin ich auf sie losgegangen.

»Ich hasse dich! Sollen sie dir doch das Bein abnehmen! Du bist dran schuld!«

Mit einer Bewegung fegte ich alles, was auf dem Nachttisch stand, hinunter, bevor ich anfing, auf meine Mutter einzuschlagen.

Genau in diesem Moment kam Barbara, die Musiktherapeutin, mit ganz ernster Miene herein.

»Gib mir mal ein Stück Papier, ich will malen!«, herrschte ich sie an. Sterben wollte ich nicht.

Während meine Mutter ihr erzählte, was geschehen war, beruhigte ich mich ein wenig. Erst da erfuhr ich, was wir eigentlich in Houston gemacht hatten. Nachdem meine Mutter die Hiobsbotschaft bekommen hatte, dass das Bein amputiert werden musste, suchte sie nach einer anderen Lösung oder wollte zumindest eine zweite Meinung einholen. Doch in Deutschland gab es zu der Uniklinik Frankfurt keine reelle Alternative.

Der Professor in Houston war auf Osteosarkome spezialisiert. Vielleicht konnte er einen Weg aufzeigen, das Bein zu retten oder zumindest die Amputation nicht ganz oben im Hüftgelenk vorzunehmen, sondern weiter unten, sodass ein Teil des Beines erhalten blieb. Doch aufgrund der Testergebnisse kam dieser Professor ebenfalls zu dem Schluss, dass das Bein nicht zu retten war – oder wenn, dann eben nur mit dem Risiko, dass der Krebs wiederkommen könnte. Andernfalls müsste eine Hüftexartikulation durchgeführt werden. Auch er würde die Amputation genau so weit oben ansetzen, wie es der Frankfurter Arzt entschieden hatte.

Diese niederschmetternde Nachricht hatte meine Mutter auf unserer Reise für sich behalten, weil sie mich schützen wollte. Sie wusste bereits vor Houston, dass die Hoffnung gering war und das Bein höchstwahrscheinlich von der Hüfte an abgenommen werden musste, wenn wir kein Risiko eingehen wollten.

Barbara gab mir also irgendein Blatt und Stifte. Ich zog den nun leeren Nachttisch zu mir heran und malte ein Bild. Auf den orangefarbenen Bastelkarton zeichnete ich mich mit einem schwarzen Filzstift mit nur einem Bein. Das amputierte Bein malte ich als dicken Stumpf, auf der rechten Seite stütze ich den Arm auf eine Krücke, während ich den linken (mit Armbanduhr!) nach oben ausstrecke. Am linken Fuß trage ich einen Schuh. Neben meinen Kopf, der Mund ist geöffnet – spreche ich oder strecke ich die Zunge heraus? –, schrieb ich meinen Namen in Großbuchstaben.

Was meine Mutter und ich nicht wussten, war, dass alle vor der Tür gestanden hatten, um zu horchen, wie ich auf diese schreckliche Nachricht reagieren würde. Die Ärzte, Psychologen, Krankenschwestern und auch Barbara standen besorgt da und warteten, was passieren würde.

Erst viel später ist mir aufgefallen, dass ich mir auf diesem Bild das falsche Bein amputiert habe, ich habe mich mit meinem linken Bein gezeichnet. Sogar an die Krücken habe ich gedacht. Dieses Bild hängt noch heute im Haus meiner Eltern.

Heute male ich keine Bilder mehr, wenn ich schlechte Nachrichten erhalte. Aber noch immer versuche ich, mit solchen Situationen klarzukommen. Wie reagierst du, wenn dich etwas aus der Bahn wirft, sei es eine schlechte Nachricht oder es geschieht etwas Schlimmes? Was hilft dir dann? Was unternimmst du, damit es dir in einer schwierigen Situation besser geht?

Kaum hatte ich die schlechte Nachricht erfahren, musste alles ganz schnell gehen. Klaus, der eigentlich mit der Operation an sich nichts zu tun hatte, drängte darauf, die Amputation möglichst bald durchzuführen. Das Risiko, dass der Tumor metastasieren würde, war zu groß. An einem Donnerstag hatte mir meine Mutter gesagt, dass das Bein abgenommen werden musste, am Wochenende durfte ich ein letztes Mal nach Hause, am Montag wurde ich in ein anderes Krankenhaus verlegt, und am Dienstag, dem 7. März 1996, wurde mein linkes Bein amputiert. Am Abend zuvor hatte ich mich von ihm ganz allein in meinem Bett verabschiedet. Auf Nimmerwiedersehen, blöder Tumor! Tschüs, liebes Bein!

Amputation

Meine Augenlider fühlten sich ganz schwer an, und trotz meines Versuchs, die Augen offen zu halten, schaffte ich es einfach nicht. Ich wollte mich umschauen, wo ich war, denn ich hatte die Orientierung vollkommen verloren. Aber es ging einfach nicht. Das war kurz nach dem Aufwachen aus der Narkose, und ich erinnere mich daran, dass eine Schwester an meinem Bett stand, mir über den Kopf streichelte und sagte: »Jetzt ist alles vorbei, du hast die OP überstanden.«

»Babbel mich nicht voll, ich will nur schlafen«, habe ich mir nur gedacht und weg war ich wieder. Ich hatte noch nicht mal die piepsenden Geräte um mich herum wahrgenommen.

Schlafen war das Wichtigste, immer nur schlafen wollte ich. In regelmäßigen Abständen wurde ich geweckt, damit ich wieder in einen einigermaßen normalen Schlaf-wach-Rhythmus hineinkam. Oder ich wachte vom Durst auf, dann kam eine Schwester, um mir mit einem Wattestäbchen die Mundschleimhäute zu befeuchten.

Als ich ein bisschen wacher war, nahm ich als Erstes diesen extrem starken Geschmack war, den ich im Mund hatte. Es schmeckte wie abgestandene Erkältungssalbe, die man sich im Winter auf die Brust schmiert. In der Nase steckte er auch, hatte ich das Gefühl. Du schmeckst es, du riechst es – irgendwie steril. Es war der Geschmack vom Narkosemittel, das mir intravenös verabreicht worden war und sich in meinem Körper überall festgesetzt hatte. Hinzu kam noch der süßliche Geruch von der Jodsalbe, mit der ich ab Hals bis hinunter zu den Zehen eingeschmiert worden war. Diese Paste ist rötlich, und das, was ich von mir sehen konnte, wenn ich vorsichtig den Kopf hob, sah aus wie der Körper eines Indianers. Ich als Rothaut hatte aber keine Feder auf dem Kopf und auch keinen Lendenschurz aus Leder um, sondern ein komisches Kleidchen, das hinten am Hals nur mit einem Band zusammengehalten wurde. Außerdem war ich bis oben mit einer schwereren Decke zugedeckt, die dicker war als sonst, fast wie eine feste Daunendecke. In Krankenhäusern sind ja sonst diese dünnen Decken üblich, aber diese war irgendwie anders.

Später dann habe ich zum ersten Mal probiert, mich ein kleines bisschen zu bewegen und das Gewicht ein wenig auf die Schultern zu verlagern. Aber kaum habe ich mich nur einen Millimeter geregt, hat mein ganzer Körper gebrannt. Der stechende Schmerz zog sich von meinen Haarwurzeln bis in den Fuß und wurde stärker, je mehr ich mich bewegte. Ich gab es wieder auf und ließ mich zurück in das Kissen sinken. Das konnte ich nicht durchhalten. Vor Schmerz wurde mir schwarz vor Augen. Ich hatte das Gefühl, mein Körper würde vom Kehlkopf bis zu den Zehen brennen. Von denen allerdings nur noch fünf da waren, dämmerte es mir.

Mir tat alles elend weh, aber ich war auch neugierig. Als ich genügend Mut zusammen hatte, versuchte ich, mein Bein zu ertasten, also eher: die Stelle, wo mal das linke Bein gewesen war. Auch die Arme konnte ich nicht richtig heben, so bin ich mit meiner linken Hand sehr vorsichtig und ganz langsam unter der Decke langgefahren, bis ich zur Hüfte kam. Doch dort war nichts mehr außer einem festen Verband.

Der erste Gedanke war: Schade! Aber auch: Jetzt ist er weg, der böse Krebs.

Später haben mich meine Eltern auf der Intensivstation besucht. Sie wirkten besorgt, als sie so vor meinem Bett standen. Da habe ich zum ersten Mal versucht, die Bettdecke wegzuschlagen, aber das überstieg meine Kräfte, und mein Vater musste mir dabei helfen. Und dann sah ich ihren Blick, der zunächst hoffnungsvoll schien, aber dann nur einen Gedanken ausdrückte: Oh Gott, oh Gott! »Die sind ja total fertig, so erschrocken sind sie«, dachte ich, und folglich versuchte ich, die Situation zu retten. Ich habe den Coolen gegeben und versucht, die Tatsachen herunterzuspielen.

»Da, das Bein ist jetzt ab und der Krebs weg!«

Bewusst wurde mir die Tatsache erst viel später, und ich habe oft ganz furchtbar geweint. Aus Schmerz und einfach, weil ich traurig war. Aber um traurig sein zu können, muss man auch einigermaßen fit sein, und erst mal hatte ich ja nur durchgehend Phantomschmerzen.

Nach der Amputation spürte ich aber auch so etwas wie Erleichterung, denn jetzt war der Krebs – mein gefährlicher Feind – gebannt.

Das, was vielleicht jetzt noch in meinem Körper war, mögliche Metastasen, konnte man gezielt mit anderen Methoden bekämpfen, das wusste ich. Aber jetzt war erst mal das Schlimmste überstanden. Ich war erleichtert, dass der kranke Teil, der nutzlos an meinem Körper dranhing, und der Tumor weg waren. Schon lange hatte sich das linke Bein für mich nicht mehr angefühlt, als gehörte es zu mir.

Jetzt war es fort, und ich konnte gesund werden. Es konnte weitergehen, anders zwar, aber es würde weitergehen. Und über dieses *Anders* hatte ich noch gar nicht nachgedacht. Hauptsache, es ging irgendwie weiter. Und das würde es, denn schließlich lebte ich ja!

Es war nur schade, dass es keine andere Möglichkeit gegeben hatte als die Amputation. Tja, aber was sollte man machen, dachte ich.

Die Amputation war in der Uniklinik Friedrichsheim durchgeführt worden, quasi einmal über die Straße von der Uniklinik aus. Dort habe ich dann später, als ich von der Intensivstation auf die normale verlegt werden konnte, auch den ukrainischen Jungen von der 32-4 wiedergetroffen. Er hatte mehr Glück als ich, denn er konnte sein Bein behalten.

Warum hatte ausgerechnet er einen Krebs bekommen, der nicht so bösartig war wie meiner? Warum hatte er mehr Glück als ich? Warum durfte er sein Bein behalten und ich meines nicht?

Diese Ungerechtigkeit versetzte mich mächtig in Wut. Und wenn meine Mutter mich auf der Station in Friedrichsheim besuchte und sich mit ihm auch noch nett unterhielt, wurde ich fuchsteufelswild.

Ich war total erleichtert, als ich von der Intensivstation auf die normale verlegt wurde. Normal heißt ja normal, nicht? Ich war zwar immer noch die ganze Zeit extrem müde, aber ich wusste, jetzt wird es nur noch besser. Doch gab es dort Probleme, die so nicht abzusehen waren. Ich wurde in ein Fünfbettzimmer verlegt. Es turnten vier Kids um mich herum, während ich immer nur eines wollte: entweder schlafen oder meine Ruhe haben. Das war für mich nicht besonders cool.

Außerdem war meine Mutter manchmal komisch, wenn etwas nicht so lief, wie es das eigentlich sollte. Sie versuchte dann, sich nichts anmerken zu lassen, aber an ihren Blicken und Gesten habe ich erkannt, dass etwas nicht stimmte. Manchmal dampfte sie dann raus auf den Flur und sprach leise, aber mit Druck in der Stimme mit den Pflegern und Schwestern. Ich konnte heraushören, wie wütend sie war.

Der erste Blick auf die Wunde war für mich eine große Sache. »Mama, du musst dir das zuerst angucken«, habe ich sie gebeten. Ich habe mir zunächst also das Bein bzw. was noch davon übrig war – und das war nicht so viel, oder um ehrlich zu sein, gar nichts – nicht direkt angesehen. Ich wollte am Gesichtsausdruck meiner Mutter ablesen, wie schlimm es war. Als sie die Wunde zum ersten Mal sah, ist sie wahnsinnig zusammengezuckt. Trotzdem sagte sie: »Ist gar nicht so schlimm. Du kannst ruhig hingucken.«

Und dann habe ich hingesehen. Das sah alles ganz anders aus, als ich mir das vorgestellt hatte. Wo mein Bein mal gewesen war, war nur noch Haut, die mit pechschwarzen Fäden zusammengenäht war. Ich sah wirklich aus wie eine Sankt-Martins-Gans oder ein Thanksgiving Turkey.

Beim Verbandwechsel musste ich mich an dem Griff des Bettgalgens festhalten und hochziehen, damit die Schwestern an die Wunde kamen. Erst kam ein dicker brauner Verband, die äußerste Schicht, ab, das war kein Thema, das tat noch nicht weh. Danach folgte ein weißer Verband, da konnte es sein, dass es ein wenig zog. Und dann kam die Mullkompresse, die direkt auf der Wunde auflag. Diese Schicht war saugfähig und keimtötend und sollte eigentlich verhindern, dass der restliche Verband an der Wunde festklebte. So weit die Idee dahinter, aber das funktionierte eigentlich gar nicht, und die Mullbinde klebte am Faden fest. Das hat ziemlich mies weh getan, und dann habe ich ordentlich losgeschrien. Mir hatte mal jemand von Fäden erzählt, die sich von alleine auflösen. Vor der OP hatte ich darum gebeten, dass die Wunde mit solchen Fäden vernäht wird, aber das ging natürlich nicht.

Dieser letzte Schritt beim Verbandwechsel war die Hölle. Am Anfang hat eine spezielle Krankenschwester die Wunde gepflegt, was sie auch total gut gemacht hat. Auch wenn es irre schmerzte, wenn die Mullbinde gewechselt wurde, hat sie es einigermaßen sanft hinbekommen.

An einem Sonntag hatte meine Lieblingskrankenschwester frei, und da auch von den Ärzten keiner da war, kam dann so ein blöder Student zum Wechseln. Der Fuzzi war voll jung, so Ende zwanzig, trug einen weißen Kittel, ein Stethoskop um den Hals und marschierte in unser Zimmer. Von vornherein hat sich das für mich nicht richtig angefühlt, schon wie er mit dem braunen Verband zugange war. Er hat mich auch nicht angeschaut, und seine ganze Art war wenig vertrauenserweckend. Eigentlich konnte ich gar nicht wissen, dass er noch kein richtiger Arzt war, aber ich hatte gleich so eine Ahnung. »Seien Sie bitte vorsichtig, das tut ihm wahnsinnig weh«, bat meine Mutter ihn.

»Ja, ja«, lautete seine Antwort.

Ich hing also mit dem Hintern in der Luft, während ich mich am Griff hochzog und er anfing, meine Wunde auszupacken. Zuerst war er auch wirklich vorsichtig, keine Frage. Doch dann kam er an die Schicht mit der Mullbinde. Als er sie von der Haut löste, zog das unglaublich schlimm. Da habe ich ihm voll mit dem rechten Fuß ins Gesicht getreten. Seine Brille fiel auf den Boden, und er war komplett neben der Spur. Für einen Moment herrschte absolute Stille, bis ich losschrie.

»Ich will den nicht, der soll das nicht machen.« Ich war richtig zornig und hab ihn nicht mehr an mich rangelassen. »Der soll rausgehen.« Und dann ging er tatsächlich wortlos aus dem Raum, nachdem er seine Brille aufgehoben hatte.

»Du darfst jetzt nicht runtergehen, die müssen das erst wieder verbinden. Nicht runtergehen, sonst liegst du mit der Wunde direkt auf dem Laken!«, rief meine Mutter ganz hektisch. Aber ich konnte mich ja mit meinen dünnen Ärmchen nicht ewig oben halten. Und schließlich ließ ich mich irgendwann herunterplumpsen. Dass das auch weh tat, muss ich wohl nicht mehr betonen. Danach lag ich erst mal eine halbe Stunde ohne Verband im Bett.

»Wenn du den Verband nicht wechseln lassen willst, dann mach es doch gefälligst selber!« Meine Mutter war wirklich sauer auf mich, was ihr gar nicht ähnlich sah. Sie machte mir die Hölle heiß, nicht etwa, weil ich den Typen getreten hatte, sondern weil ich jetzt ohne Verband im Bett lag, bis endlich eine Schwester kam, die mich zu Ende verband. Eigentlich durfte diese Krankenschwester das gar nicht, und meine Mutter hat ihr sogar dabei assistiert, die Wunde zu säubern. Für mich war diese Lösung okay. Aber wie immer war es sehr schmerzhaft! Natürlich haben die anderen Kids im Zimmer das alles mitgekriegt und haben mich gesehen, wie ich mit nacktem Po und zugenäht wie eine Weihnachtsgans ewig im Bett auf die Schwester gewartet habe.

Es war häufiger so, dass ich lange darauf warten musste, bis die Wunde versorgt wurde. Wahrscheinlich gab es zu wenig Personal, oder die Station war auf pflegeintensive Patienten nicht eingestellt. Das war auch der Grund, warum meine Mutter öfter so angepannt war, und irgendwann hat sie die Initiative ergriffen und die 32-4 angerufen, um dort anzukündigen, dass ich wieder zurückkäme. Glücklicherweise war meine Mutter privatversichert und ich daher auch. Die Verlegung auf meine alte Station ging dann recht reibungslos, sogar einen Krankentransport gab es von Tür zu Tür.

Ab diesem Zeitpunkt hatte ich ein Einzelzimmer, in dem ich erst einmal durchatmen und mich an die neue Situation in Ruhe gewöhnen konnte. Jeden Tag kam eine Schwester oder ein Pfleger von der anderen Klinik herübergelaufen, um meinen Verband zu wechseln. Aber nicht alle von ihnen habe ich an mich herangelassen. Es musste extra eine Ärztin kommen, um die Fäden zu ziehen, und ich ließ mir jeden Tag nur einen entfernen, da die Schmerzen sonst zu groß gewesen wären. Wenn mal jemand kam, der mir nicht passte, habe ich das nicht akzeptiert.

»Dann werden morgen zwei Fäden gezogen, das tut doppelt weh«, hörte ich dann.

»Ja, ist mir egal, die Ärztin soll kommen«, antwortete ich trotzig.

Wenn also niemand da war, den ich an mich ranließ, wurden eben keine Fäden gezogen, das war schon skurril.

»Ich will die!,« lenkte ich dann ein und zeigte auf die Schwester, die ich mochte, die Fäden aber eigentlich nicht ziehen durfte. Da meine Mutter ihr Einverständnis gab, durfte sie dann doch meine fiesen Fäden ziehen.

Trotz der immensen Schmerzen war ich dieses charmante Monster und konnte mich irgendwie meistens durchsetzen.

Die Redensart »Das Licht am Ende des Tunnels sehen« mag ich sehr, denn sie besagt, dass man in schlechten Zeiten optimistisch bleibt und frohen Mutes in die Zukunft blickt. Ich erinnere mich, als wäre es erst gestern gewesen, als ich nach der Amputation – nach den unzähligen Stichen in meine Haut, der Chemotherapie, dem Verlust meiner Haare, dem Sterben der Kinder um mich herum – endlich wieder ein wenig Licht am Ende des Tunnels sehen konnte.

Fällt es dir schwer, dich nach einer Niederlage oder einem negativen Erlebnis zu erholen, oder bist du ein Stehaufmännchen, das schnell wieder Mut fasst?

III HINKEN

Allein unter Zweibeinern

Ein Leben im Liegen

Die ersten Wochen nach der Amputation meines linken Beines verbrachte ich im Liegen. Darunter darf man sich jedoch kein Im-Bett-Herumlungern und entspanntes Chillen vorstellen, was man ja manchmal an einem tristen Tag am Wochenende gerne macht. Für mich war das Liegen die einzige Option, nichts anderes konnte ich machen. Und das war weniger angenehm.

Wecken, Frühstück, Arztvisite, Verbandwechsel, Mittag, Kaffeestunde, Abendbrot, Licht aus, Schlafenszeit. So ging das Tag für Tag.

Wie viel man im Liegen machen kann, kann sich ja jeder vorstellen – allerdings hatte ich zudem starke Schmerzen, und mir fehlte im wahrsten Sinne des Wortes eine Stütze. Das musste ich feststellen, als es mir nach einiger Zeit etwas besser ging und ich das Kopfteil meines Bettes hochgefahren habe. Zum ersten Mal wieder richtig sitzen, das war leichter gesagt als getan. Verlagerte ich mein Gewicht auf die rechte Seite, war alles okay. Es fühlte sich so an wie vor meiner Operation. Lehnte ich mich jedoch nach links, begann ich zu kippen – mein Gehirn dachte immer noch, dass es das linke Bein gibt. In dieser Situation war ich ganz froh, dass ich noch keinen Besuch bekommen durfte und mich niemand so zu Gesicht bekam.

Mein Kopf brauchte noch eine ganze Weile, um sich daran zu gewöhnen, dass da jetzt nur noch ein Bein war. Das verbliebene, rechte Bein steckte in einem braunen Thrombosestrumpf, um zu vermeiden, dass in den Venen die Durchblutung stockt und es zu einem Pfropfen kommt. Im ungünstigen Fall wandert der nämlich zur Lunge, was tödlich enden kann. Das Bein musste außerdem immer bewegt werden, also stand täglich Krankengymnastik auf dem Plan. Eine langwierige und wahnsinnig langweilige Angelegenheit, für die eine Physiotherapeutin in mein Zimmer kam. Während sie meinen rechten Fuß festhielt, musste ich mein Bein mit aller Kraft dagegenstemmen, um rechts meine Muskeln wiederaufzubauen: »Feste schieeeeben. Immer wieder schieeeben!«

Aber bevor ich mein Bein überhaupt zum ersten Mal wieder benutzen – das heißt stehen – konnte, dauerte es noch Wochen.

Mit meiner Physiotherapeutin habe ich zuerst geübt, mich, also eigentlich nur meinen Oberkörper, aufzurichten. Anfangs sagte sie immer wieder zu mir: »Heute stehen wir noch nicht auf. Wir werden auch nächste Woche noch nicht aufstehen. Wir setzen uns erst mal an den Bettrand.«

Das ging mir auf der einen Seite natürlich alles viel zu langsam, auf der anderen Seite waren längst noch nicht alle Fäden gezogen, ich hatte immer noch Schmerzen und dazu kamen die Phantomschmerzen. War das Bein doch noch dran? Manchmal fühlte es sich so an, als sei es noch da. Dann spürte ich ein Kribbeln und Stechen.

In der Klinik erklärte man mir, dass nach Amputationen die meisten Patienten unter Phantomschmerzen leiden. Manchmal haben sie auch das Gefühl, das fehlende Körperglied bewege sich unwillkürlich, und erschrecken daraufhin. Dieses Phänomen ist wissenschaftlich noch nicht restlos aufgeklärt. Es scheint jedoch so zu sein, dass das restliche Nervengewebe am Stumpf Neurome, neue Zellen, bildet. Die sind extrem sensibel und können spontan Impulse auslösen, die im Gehirn als

Schmerz wahrgenommen werden. Das habe ich Tag für Tag gespürt.

Mit der Krankengymnastik – wenn man das Gymnastik nennen will – lernte ich also, mich aufzusetzen und mit Hilfe der Physiotherapeutin an den Rand des Bettes zu rutschen. Dann haben sie und meine Mutter mich rechts und links an den Armen festgehalten, um mich zu stützen. Und ich rede hier nicht davon, dass ich dann schon stehen konnte – weit davon entfernt! Erst mal ging es darum, einfach stabil an der Bettkante sitzen zu können. An alles Weitere war zu diesem Zeitpunkt noch nicht zu denken.

Als ich zum ersten Mal vom Bett hinunterschaute, wurde es mir schwarz vor Augen, als würde mir mein Kreislauf sagen: Sofort wieder hinlegen! Dieses Gefühl war ganz furchtbar. Aber es half nichts. Wir haben die Übung dreimal gemacht, bis es mir endlich gelang, mich alleine auf dem Po ganz langsam bis zur Bettkante vorzuarbeiten. Als ich dann noch mal hinunterguckte, baumelte da mein Bein. Das eine.

Nachdem ich das Poporutschen mit der Zeit perfektioniert hatte, startete ich den ersten Versuch, mich langsam von der Bettkante hinuntergleiten zu lassen und das erste Mal auf meinem rechten Bein zu stehen. Es war ein seltsames Gefühl, seit Monaten wieder einen Widerstand unter dem Fuß zu spüren. Auf der einen Seite war es ein Triumph, auf der anderen Seite merkte ich nur zu deutlich, wie schwach meine Muskeln noch waren. Und wenn ich meine Augen schloss, spürte ich das linke Bein immer noch, so als hätte sich nichts verändert.

Ich wollte so schnell wie möglich wieder auf meinem eigenen Fuß stehen, also musste ich an mir arbeiten. Verlagerte ich zu Anfang aus Versehen mein Gewicht nach links, musste ich mich dann ganz schnell wieder an der Bettkante festhalten, um nicht umzufallen. Aber immerhin stand ich. Was für ein Erfolgserlebnis! Aber auch das konnte ich noch nicht alleine. Immer benötigte ich Hilfe, und oft stützte meine Mutter mich von hinten. Doch ich habe nicht aufgegeben und immer weiter-geübt, und irgendwann gelang es mir zu stehen.

Zunächst fühlte sich das Stehen noch komisch an, aber es gefiel mir so gut, dass ich mich immer wieder hingesetzt habe, um gleich darauf wieder aufzustehen. Manchmal stand ich ein-fach so herum, aus Freude darüber, dass ich es wieder konnte. Rumstehen, einfach weil's geht!

»Gerade hinstellen und guck nach vorn, nicht nach unten.« Die Physiotherapeutin stand direkt hinter mir, und wir versuchten im wahrsten Sinne des Wortes, einen Schritt weiterzukom-men – vom Herumstehen zum Gehen.

»WAAAAS?«, dachte ich bei mir, »ich kann doch nicht ins Nichts treten.«

»Fokussiere einen Punkt an der Wand und dann machst du einen Schritt geradeaus. Du musst dich zwischen den Krücken nach vorn schieben. Und dann setzt du die Krücken neu, etwa so.«

Es war natürlich wichtig, erst einmal stehen zu können, be-vor ich lernte, auf Krücken überhaupt den ersten Schritt zu ma-chen. Die Krücken, die mir die Physiotherapeutin mitbrachte, waren Erwachsenenkrücken, die auf die kleinste Größe ein-gestellt waren. Von der Länge her passten sie, aber die Arm-stützen waren für mich viel zu weit und boten mir nicht genug Halt. Dennoch musste ich es versuchen.

Aber zunächst musste ich ja erst einmal schauen, wie ich meinen Oberkörper und mein Bein positionierte, damit ich einen normalen geraden Schritt machen konnte. Damals habe ich darüber gestaunt, dass das überhaupt wieder ging! Zuerst haben wir jeden Tag nur einige wenige Schritte geübt. Irgendwann ging ich dann sogar wieder ein paar Meter. Plötzlich konnte ich etwas, was die meisten Menschen jeden Tag machen, ohne nur einen einzigen winzigen Gedanken daran zu verschwenden, wie toll es eigentlich ist, dass man sich ungehindert bewegen kann.

Mit Krücken war dann der erste Gang auf die Toilette auch ein Meilenstein bei der Genesung. Endlich war ich nicht mehr auf einen Katheter oder die Bettpfanne angewiesen. Für längere Strecken, etwa den Flur hinunter zur Sitzecke am Fenster, habe ich mich in einen ausgepolsterten Rollstuhl gesetzt, in dem ich auch saß, während mein Bett gemacht wurde. Das klingt ganz einfach, war aber schwierig, denn ich konnte nicht lange aufrecht auf dem Stumpf sitzen. Doch Krankenschwestern sind natürlich absolute Profis im Bettenmachen, das dauerte keine fünf Minuten.

Irgendwann konnte ich den gesamten Flur entlanglaufen. Dabei war natürlich hilfreich, dass ich nicht mehr wie anfangs an einer Infusion hing, deren Ständer die Therapeutin, einen Schritt hinter mir gehend, schieben musste. Weil ich mich auf die Krücken stützen musste, hätte ich den Infusionsständer nicht selbst voran bewegen können – hier tauchte mein neues Problem, keine freie Hand zu haben, zum ersten Mal richtig auf. Es sollte mich noch lange begleiten und für eine meiner tiefsten Krisen sorgen. Aber erst einmal war ich optimistisch: Ich konnte wieder alleine aufs Klo, war einigermaßen mobil und kam Schritt für Schritt – im wahrsten Sinne des Wortes – auf meinem Weg voran. Aber in meinem Kopf war ich auch schon immer einen Schritt weiter: Warum sitzen, wenn ich auch stehen kann?

Das tägliche Ziel lautete: einmal den Flur hoch- und wieder hinunterlaufen. Das klingt einfach, war für mich aber superanstrengend. Mein ganzer Oberkörper, die Oberarme und meine Hände schmerzten bei den ersten Versuchen. Die Arme zitterten noch lange, nachdem ich die Krücken wieder beiseitegelegt hatte. Aber das Üben hat mir Spaß gemacht. Hinter mir ging immer noch die Physiotherapeutin her, um mich im Notfall zu stützen. Im Stillen habe ich immer gedacht: »Jetzt übe ich mit dir laufen, aber bald mach ich das alleine!« Doch die Schmerzen waren noch stark, und im Hintergrund pochte der Phantomschmerz, was ich gern versucht habe zu ignorieren. In einer Phase des Schritts durften meine Arme nicht schlappmachen, weil ich sonst nach vorn gestürzt wäre. Davor hatte ich zunächst ein bisschen Angst, aber schnell merkte ich, dass die Kraft zurückkehrte und ich mich mehr trauen konnte.

Als mir bewusst wurde, dass ich wieder die Kraft hatte, die mich trug, war auch die Angst schnell kein Problem mehr. Gleich fing ich an, mir zu überlegen, was ich als Nächstes machen konnte. Für längere Strecken hatte ich ja den Rollstuhl, in den ich mich zwar mit relativ großem Kraftaufwand vom Krankenbett aus hineinhieven konnte, aber wenn ich einmal saß, konnten meine Abenteuer losgehen. Wie immer war ich ungeduldig und neugierig, was dazu führte, dass ich einmal wegen eines Ausflugs mit dem Rolli einen Riesenanschiss bekam.

Jeden Mittwoch wurde für die Eltern, die ja quasi mit uns auf der 32-4 wohnten, ein »Elternfrühstück« organisiert. Früh morgens wurde in der Küche ein Buffet aufgebaut, damit sie sich beim Frühstück austauschen konnten, ohne sich um die Kids kümmern zu müssen. Da meine Mutter zu jener Zeit noch regelmäßig mit in meinem Zimmer schlief, ist sie auch dort hingegangen, während ich eigentlich noch im Bett liegen sollte. Eigentlich. Wie gesagt, ich war neugierig, was die da so bereden beim Elternfrühstück, und habe mich deshalb in den Rolli gehoben, um mal in der Küche nach dem Rechten zu sehen und mir ein Brötchen zu holen.

»Ich wollte mal gucken, was ihr hier so macht«, sagte ich mit Unschuldsmiene, doch sofort gab es Riesenärger von meiner Mutter – und ich wusste ganz genau warum: Ich durfte noch gar nicht so lange im Rollstuhl sitzen, weil die Ärzte Angst hatten, die Narbe könnte sich wieder öffnen. Zu diesem Zeitpunkt war sie noch nicht vollständig geschlossen und die schmerzliche Prozedur, wenn die Fäden gezogen wurden, noch nicht ganz abgeschlossen. Natürlich war mir klar, dass ich das eigentlich nicht machen sollte. Ich wusste, dass es ein Risiko war, aber ich habe es trotzdem einfach gemacht – ich hatte halt meinen eigenen Kopf!

Diese Story hat dann auf der Station relativ schnell die Runde gemacht. Danach schauten die Schwestern in regelmäßigen Abständen bei mir ins Zimmer herein und fragten:

»Ist alles okay?« Selbstverständlich wollten sie nur sicherstellen, dass ich brav im Bettchen blieb.

Als es mit den Krücken schließlich ganz gut ging, bin ich irgendwann allein nicht nur die alte Strecke, den Flur nach links hinuntergegangen, sondern auch mal nach rechts. In diesem Gang lagen die Büros, also so richtig spannend war das auch nicht, aber immerhin eine Abwechslung im tristen Klinikalltag.

Denk nicht, du müsstest weit wegfahren, um etwas Neues zu erleben. Oft spielen sich die größten Abenteuer direkt vor deiner Nase ab. Halte die Augen einfach offen für Kleinigkeiten, wunderbare Menschen, Orte, Ereignisse und schöne Momente, genau so, als wärest du an einem unbekannten Urlaubsort.

Nach ein paar Wochen hatte ich es ganz gut raus, mit den Krücken einigermaßen sicher zu gehen, und dann hieß es plötzlich: »Warte erst mal ab, bis du die Prothese hast, dann kannst du richtig gut laufen!«

Laufen lernen mit Hindernis

»Tommy, hast du heute schon Chemo gehabt?«

»Nein, aber sie kommen gerade mit der Infusion rein.«

»Okay, dann fahr ich gleich los, ich bin dann in einer halben Stunde da.«

Diese kurzen Gespräche am Telefon mit meiner Mutter gehörten zu meinem Alltag auf der 32-4 dazu. Sie wohnte weiterhin bei mir im Zimmer, hatte aber wieder angefangen, halbtags zu arbeiten. Hin und wieder dehnte auch mein Vater seinen Nachmittagsbesuch aus, wenn meine Mutter etwa eine Veranstaltung hatte und erst später zu mir kommen konnte.

Während ich im Krankenhaus war, wurde extra für mich eine Prothese angefertigt. Das dauerte aber ein paar Wochen länger als erwartet, also machte ich fleißig weiter meine Übungen, um schneller Fortschritte zu sehen. Ich kam mittlerweile mit meinen Krücken gut zurecht, aber wie musste es sein, ganz normal laufen zu können auf so einer Prothese? Mein Bein sähe dann aus wie vom Terminator, vielleicht könnte ich dann wieder schnell rennen und sogar Fußball spielen? Ich war gespannt darauf, so ein Roboterbein zu bekommen. Und alle anderen freuten sich anscheinend auch riesig auf die Prothese, allen voran meine Eltern. Aber auch die Kids auf der Station waren begeistert: »Cool! Dann hast du auch die Hände frei und kannst alles machen!«

Aber bis es so weit war, musste ich weiter Krankengymnastik machen, das hieß, ohne Krücken stehen, mich nach links und rechts umdrehen oder auf dem Rücken Krafttraining fürs Bein machen, um die Muskeln zu trainieren – superlangweilig fand ich das. Meine Eltern hatten sich darum gekümmert, dass ich bald, nachdem die Prothese da war, in eine spezialisierte Rehaklinik nach Neckargemünd verlegt wurde, um möglichst schnell zu lernen, mit meinem neuen Roboterbein adäquat laufen zu können.

Im Mai 1996 kam die Prothese endlich in der Klinik an. Ich brauchte Unterstützung von der Physiotherapeutin, die mir zeigen musste, wie ich sie überhaupt richtig anzulegen hatte. Es gab eine Reihe Gurte und Schnallen, die erst einmal korrekt eingestellt werden mussten, und dabei half sie mir. Zwar konnte ich mit der Prothese stehen und auch einige Schritte machen, aber so richtig begeistert war ich erst einmal nicht.

Meine Eltern hatten mir einen Hund versprochen, sobald ich auf der Prothese laufen konnte. Und ich wollte schon immer einen Hund haben, also war ich ziemlich aus dem Häuschen! Die Idee dahinter war, dass ich mit ihm ja nur Gassi gehen konnte, wenn ich keine Krücken mehr hatte. Um ihn an der Leine zu führen, brauchte ich selbstverständlich freie Hände. Ein Hund sollte also meine Belohnung nach der Entlassung aus der Reha sein.

Sechs Wochen war ich in Neckargemünd, in diesem riesigen Rehazentrum mit Schwimmhalle, Trainingsräumen und Sportanlagen. Um richtig mit einer Prothese laufen zu lernen, braucht man Betreuung, und so hatte ich zweimal am Tag Laufunterricht, der Rest des Tages war mit Behandlungen, Physiotherapie und anderen Aktivitäten ausgefüllt. Das war toll, denn es war immer etwas los. Dort habe ich die Prothese gerne getragen, weil der Tagesablauf ganz anders war als im Krankenhaus und es immer jemanden gab, der mir das Tragen schmackhaft machte. Für die Zeit, die ich dort verbrachte, war die Prothese ganz okay.

Nachdem ich das Wochenende über zu Hause verbracht hatte und bevor meine Eltern mich zurück nach Neckargemünd fuhren, schauten wir an einem Sonntag bei einem Bauern in der Nähe vorbei. Dort sollte ich mir einen Welpen aussuchen. Ich hatte mich gleich in den kleinen, stürmischen Hund verliebt, der mich als Allererstes in die Hand biss. Es war ein Weibchen, und ich hatte auch schon einen Namen für sie: die Toby. Sie war eine Promenadenmischung aus Schäferhund und Dackel, und mir gefiel vor allem die Färbung ihres Fells. Aber bevor wir Toby mitnehmen konnten, musste ich noch einmal für zwei Wochen in die Reha, und wir ließen sie noch ein paar Tage bei ihrer Mutter und ihren Geschwistern zurück.

Nach meiner Ankunft in Neckargemünd ging es weiter mit dem Prothesen-Lauftraining. Ich machte schnell Fortschritte: anlegen, anschnallen, die Gurte festziehen, hinstellen, losgehen. Fast profimäßig ging mir das mittlerweile von der Hand. Mit der Prothese kam ich sozusagen im doppelten Sinne gut voran.

Für den folgenden Samstag hatten sich meine Eltern zu Besuch angekündigt. Ich hatte mein Zimmer im neunten Stock und konnte durch das verglaste Treppenhaus sehen, dass sie endlich auch Toby mitgebracht hatten. Sie hatten ihr sogar schon ein Halsband und eine Leine gekauft. Eigentlich war es ein ganz normaler Tag, ich war morgens im Kinderbecken schwimmen gewesen und ganz gut drauf, denn ich wusste, dass ich bald nach Hause konnte.

Ich hörte den Aufzug, mit dem meine Eltern kamen, also machte ich mich auf den Weg, ihnen entgegenzugehen. Der Linoleumboden war frisch gewischt und glänzte, die Sohlen meiner Turnschuhe quietschten. Draußen war es grau, aber einigermaßen hell.

An diesem Tag, als ich meinen Eltern im Flur entgegenkam, ohne mich irgendwo festhalten zu müssen, heulte mein Vater Rotz und Wasser. Ich umarmte beide und hatte das Gefühl, ihn noch einmal extra drücken zu müssen, während Toby an mir hochsprang.

Die Prothese ist die Behinderung!

Wieder daheim zu sein war toll, meine Eltern haben sich gefreut, ich habe mich gefreut und der Hund hat sich auch gefreut. Aber bald habe ich gemerkt, dass mit der Prothese nicht alles automatisch besser ging: Ich konnte mit Toby weder herumtollen noch gemeinsam mit ihr einem Ball nachrennen. Also habe ich die Prothese wieder abgenommen und zu meinen Krücken gegriffen.

Eigentlich habe ich die Prothese immer nur meinen Eltern zuliebe getragen. Das Problem war, dass ich mich mit ihr nie wohl gefühlt habe. Nur wenig hat mich dazu gebracht, das Ding zu tragen, obwohl meine Eltern mir immer wieder zugeredet und versucht haben, mich von ihrem Nutzen zu überzeugen.

Schon am ersten Tag auf der 32-4, als ich die Prothese ausprobierte, hatte ich das Gefühl gehabt, dass das gar nicht so toll ist, wie alle das immer dargestellt haben. Aussehen wie der Terminator – das mag ja sein, aber das hat mir gar nichts genützt, weil sie mich störte. Es gibt ein Foto von mir, auf dem ich die Prothese stolz präsentiere. Mit der einen Hand halte ich mich an dem Bett fest und mit der anderen strecke ich die Prothese grinsend in die Höhe: »Guck mal, wie cool, hihi.« Das Bild ist gelogen. Alles, was ich in diesem Moment dachte war: »Das ist so ein Scheißdreck.«

Immer wieder haben meine Eltern auf mich eingeredet, dass ich sie tragen solle. Sie schlugen vor, eine Plastikverkleidung anfertigen zu lassen, damit es so wirkt, als sei es ein normales

Bein. Aber das ist natürlich Unsinn, man erkennt fast immer, dass jemand eine Prothese trägt.

Die Prothese an sich fand ich schon irgendwie cool, aber schnell stellte sich mir die Frage: Was mach ich jetzt damit? Auf Krücken fühlte ich mich viel sicherer. In der Reha klappte das Laufen mit dem künstlichen Bein zwar ganz gut, aber auf meinen Krücken war ich immer noch viel schneller unterwegs. Und schließlich fühlte ich mich mit dem Ding nie richtig wohl. Sie war eng, das Gurtsystem drückte und zwickte ständig, und wenn es im Sommer richtig heiß war, schwitzte ich darunter ungemein – schließlich entschied ich, dass die Prothese nichts für mich war. Selbst auf die Toilette zu gehen war mit Krücken weitestgehend problemlos. Trug ich aber die Prothese, musste ich mir erst die Hose ausziehen, dann den Gurt, der um die Taille lag und vor dem Bauch geschlossen wurde, abschnallen, um mir dann die Unterhose ausziehen zu können. Es dauerte ewig, bis ich mich hinsetzen konnte. Die Prothese stand dann daneben. Natürlich verfügte sie über ein Kniegelenk, aber vor allem ist sie ein Stützapparat, also unbeweglich. Alleine das Ausziehen meiner Kleidung war so ungemein umständlich, so dass ich mit Krücken viel besser zurechtkam.

Einmal im Monat ging es zurück in die Ambulanz der Uniklinik zur Untersuchung, um zu schauen, ob alles in Ordnung war. Im August hatte ich die letzte Chemo bekommen, und nun musste noch kontrolliert werden, ob sich tatsächlich keine Metastasen gebildet hatten. Als ich wieder einmal zu meinem Untersuchungstermin ging, bekamen wir zufällig mit, dass Christoph wieder auf der 32-4 lag. Leider hatten sich bei ihm Metastasen gebildet. Ich wusste natürlich, dass das sehr schlimm war, aber ich habe mich trotzdem super gefreut, ihn dort zu sehen. Wir redeten ein wenig, aber er war extrem müde, weil er gerade aus der Narkose aufgewacht war, die er wegen einer Lumbalpunktion bekommen hatte. Ich war mit meiner Mutter schon hinausgegangen, während mein Vater noch kurz bei ihm blieb.

»Ich habe Hunger«, sagte er zu meinem Vater.

»Was magst du denn essen?«

»Froschschenkel!«

»Froschschenkel? Wie kommst du denn darauf?«

»Ich habe gehört, die sollen voll lecker sein. Die würde ich gern mal probieren!«

Mein Vater versprach ihm, dass wir drei einmal Froschschenkel zusammen essen gehen würden, wenn es ihm besser ginge. Das war Ende August, und am 5. September ist Christoph gestorben. Seine Eltern riefen meine Mutter an, um es ihr mitzuteilen. Als sie es mir sagte, war ich total geschockt. Wir waren doch gerade noch bei ihm gewesen und hatten an diesem Tag noch Fotos von uns gemacht! Es sind die letzten Fotos, die es von ihm gibt. Und ich hatte ihn noch geärgert, weil er so schlapp war.

Mit meinem Vater habe ich viel über Christophs Tod gesprochen. Ich war supertraurig, weil ich einen Freund verloren hatte. Und ich war vielleicht sogar noch trauriger, weil er so ein kerniger Typ war, der sich nie die Butter vom Brot nehmen lassen hat. Christoph hat mich genauso geärgert, wie ich ihn geärgert habe. Er war so wie ich, und gerade deshalb haben wir uns so gut verstanden. Und jetzt war er tot. Im ersten Moment konnte ich das gar nicht verstehen, und wütend machte es mich auch.

Er war einfach ein sehr guter Freund, mit dem ich gern auch nach der Klinik noch Zeit verbracht hätte. Ich glaube, ich hätte bis zum heutigen Tag noch Kontakt mit ihm. Ein paar Wochen nach Christophs Tod bin ich seiner Mutter noch einmal zufällig begegnet. Sie hat sehr viel geweint, sich aber gleichzeitig auch darüber gefreut, mich zu sehen. Ich spürte, wie sehr sie mir das Leben gönnte. Die Situation war extrem emotional. Damals wusste ich allerdings überhaupt nicht, wie ich damit umgehen sollte, denn ich war sehr verunsichert.

Mit allen Tricks versuchte meine Mutter, mich zwischenzeitlich dazu zu bringen, die Prothese zu tragen. Damals waren Baggy Pants in Mode, und sie kaufte mir eine als Belohnung dafür, dass ich die Prothese trug.

Einmal waren wir zu einer Konfirmation eingeladen, und schon im Vorfeld knirschte es zwischen meinen Eltern und mir, weil ich das verdammte Ding nicht tragen wollte. Meine Mutter hatte echt starke Nerven und ließ nicht locker. »Trag sie doch erst mal, du kannst sie ja immer noch später ausziehen.« Es sollte so aussehen, als hätte ich keine Behinderung, als sei alles normal, wenn wir auf dieser Feier ankamen. Widerwillig schnallte ich sie mir um, viel lieber hätte ich die Krücken genommen. Unsere Verwandten und Freunde waren ganz aus dem Häuschen. Alle haben mich wahnsinnig bejubelt und gelobt, als ich mit der Prothese ankam. Der Vater des Konfirmanden strahlte mich an: »Ach, guck mal, der Tommy, da sieht man ja gar nicht, dass ein Bein fehlt.« Ich habe mir nur gedacht: »Was bist du denn für ein Vogel? Mir fehlt ein Bein, das siehst du vielleicht nicht, aber ich weiß es doch. Und wenn du das nicht merkst, dann bist du ein Depp.«

Irgendwann bin ich nicht mehr auf Feiern dieser Art mitgegangen. Lieber blieb ich zu Hause oder habe bei Freunden übernachtet. Bei ihnen musste ich die Prothese nicht tragen, um so zu tun, als hätte ich zwei Beine. Sie wussten ja, wie es ist, und haben keine dummen Kommentare gemacht. Bei ihnen konnte ich so sein, wie ich bin – der Tom –, ohne dass das fehlende Bein immer zum Thema gemacht wurde.

Auch als ich nach einem Jahr wieder zur Schule ging, war die Prothese ein leidiges Thema. Meine Mutter beharrte darauf, dass ich sie trug, weil sie nur das Beste für mich wollte.

Mich aber hat es irre gemacht, dass mir ständig Leute gesagt haben, was das Beste für mich ist, was ich mit nur einem Bein kann oder was eben nicht. Leute mit zwei Beinen erklärten mir, dass ich die Prothese bräuchte, um die Hände frei zu haben. Dabei wussten sie doch gar nicht, was ich wirklich wollte. In meinem Kopf drehte es sich meist um die Dinge, die alle Kinder gerne machen wollen: Ich wollte mit meinen Freunden zum Bach hinunterrennen, schwimmen gehen und Fußball spielen.

Ich war in einer Zwickmühle, denn von außen wurde mir eingeredet, dass ich ohne Prothese etwas nicht konnte, so wie Fußball spielen etwa. Aber in mir wusste ich sehr wohl, was ich konnte, nämlich genau das: Fußball spielen. Mir wurde ein Zustand eingeredet, den ich selbst ganz anders wahrnahm.

Schließlich haben meine Eltern mit mir einen Deal abgeschlossen: Ich sollte das Ding drei Tage in der Woche zur Schule tragen, an zwei Tagen nicht. Am Donnerstag und Freitag hatte ich viel bessere Laune. Und das haben meine Schulkollegen sofort mitgekriegt, denn dann hieß es: »Los, wir gehen auf den Bolzplatz!«

Auch in anderen Situationen befand ich mich in einem Dilemma, weil ich das Gefühl hatte, meine Eltern zu enttäuschen, indem ich etwas tat, was ich ihrer Meinung nach nicht konnte: in der Pause auf Krücken aus dem Klassenraum stürmen und mit den Schulkameraden auf den Hof wetzen, um zu kicken. Dabei war ich so glücklich, wenn die anderen mich anfeuerten – das war ein tolles Gefühl.

Nach der Schule bin ich dann nach Hause gekommen, habe die Krücken in die Ecke gestellt und hatte ein schlechtes Gewissen, weil ich etwas tat, was mir meine Eltern als Unmöglichkeit einredeten. Ich fragte mich dann: »Ja, was stimmt denn nun?«

Ich möchte die Message nach außen tragen, dass es völlig in Ordnung ist, nicht perfekt zu sein. Ecken, Kanten, Kurven, Narben, Sommersprossen, Handicap oder kein Handicap sind in Ordnung! Was soll das eigentlich sein, ein *Handicap*? »Hast du die Haare oder die Klamotten gesehen?« Ignoriere solche negativen Kommentare oder Aussagen, etwa auf Facebook! Trau dich, einfach zu dir selbst zu finden, auch wenn dazu die verrücktesten Facetten gehören. Nichts ist cooler als ein Mensch, der mit sich selbst im Einklang ist. Gönn dir deine eigene Verpeiltheit und deine persönlichen Schwächen. Sie machen dich zu der einzigartigen, liebenswerten und wundervollen Person, die du bist!

Schwarze Wolke

Meine Eltern und ich unternahmen einen Ausflug. Allerdings hatte dieser ein ganz bestimmtes Ziel, und damit meine ich nicht den Ort, an den wir gefahren sind. Wir besuchten einen Freund der Familie, der sein Bein aufgrund eines Motorradunfalls verloren hatte und eine Prothese trug. Er wurde mir, dem inzwischen zehnjährigen Jungen, quasi als leuchtendes Beispiel vorgeführt, und selbstverständlich sprach er sich nur positiv für das Tragen einer Prothese aus. Mir wurde gezeigt: »Guck mal, der kann jetzt alles machen mit der Prothese, sogar Motorrad oder Auto fahren.« Ich dachte mir nur: Hey, schaut her, ich kann mit meinen Krücken auch alles machen, was ich will – Autoscooter fahren und Fußbälle kicken zum Beispiel.

Es war nicht nur ein familieninterner Kampf, mich gegen meine Eltern bezüglich der Prothese durchzusetzen. Es wurden auch andere in diese Auseinandersetzung mit hineingezogen. Meine Eltern wurden natürlich von ihren Freunden und der Familie unterstützt: »Ja, ihr macht das bestimmt schon richtig! Tom sollte seine Prothese tragen!« – nicht ohne dabei auch Druck auszuüben. Meine Mutter musste sich ständig die Frage anhören: »Warum trägt der Junge denn keine Prothese?« Sogar meine Omi mischte sich ein und sagte immer wieder zu meinem Vater: »Sag dem Jungen, er soll die Prothese anziehen.« Wenn ich diese Situation mitbekam, wurde ich manchmal sauer. Gleichzeitig taten mir meine Eltern irgendwie leid, weil sie sich das ständig anhören mussten, und irgendwie war ich auch traurig, da niemand auf meine Meinung hörte.

Ich musste mir in meinem Alter nicht nur über solche Dinge Gedanken machen, sondern zusätzlich für mich selbst eintreten und meinen Eltern gegenüber argumentieren. Die ewigen Auseinandersetzungen waren sehr anstrengend, frustrierend, und ich war maßlos überfordert. Meine Eltern ließen sich kaum davon überzeugen, dass ich ohne Prothese viel glücklicher war. Heute denke ich manchmal, dass es dem Menschen vielleicht ein Bedürfnis ist, eine Leerstelle wieder zu füllen, so als sei nichts gewesen, statt sich mit etwas Neuem zu konfrontieren. Vielleicht hat man einfach Angst vor der Leere, deshalb wird immer versucht, das Fehlende zu ersetzen. Mir fällt es sehr schwer zu vermitteln, dass für mich das linke Bein ja nicht weg ist – ich spüre es noch auf der Länge des Kindesbeines eines Achtjährigen. Es sitzt nicht mehr am Körper, aber wenn ich die Augen zumache, dann spüre ich es auch heute noch, es ist noch da.

Warum soll ich die Prothese tragen? Warum geht es denn nicht ohne Prothese? Warum kann ich kein normales Fahrrad fahren und bekomme stattdessen ein Dreirad? Warum muss ich von einem Zivi auf Klassenfahrt begleitet werden? Warum sollte ich nicht Fußball spielen können? Warum soll ich später mit nur einem Bein keinen ganz normalen Job machen können?

Mein Kopf war voller Fragezeichen, die mir keiner nehmen konnte, sodass ich manchmal nicht in der Lage war, klar zu denken. Die Gedanken ratterten hektisch in meinem Kopf herum. Die Erwachsenen hatten auf alle meine Fragen nur die eine, absolut nur diese einzige Antwort parat, die für alles eine allgemeingültige Begründung war: »Weil du nur ein Bein hast.«

Das hat mich fertiggemacht. Die Wolke, die über mir schwebte, war dunkelschwarz und wurde stetig größer, weil ich mich schließlich gefragt habe: Wieso soll ich eigentlich weiterleben, wenn ich das alles nicht kann? Was soll das Leben denn, wenn alle etwas von mir erwarten, was ich nicht erfüllen kann? Und zu einem Teil auch gar nicht will!

Und dann war da diese paradoxe Situation, dass ich, immer wenn ich etwas konnte, dies verheimlichen musste oder ein schlechtes Gewissen bekam, weil Mama und Papa und alle anderen doch gesagt hatten, ich könne es nicht. Das hat mich vollkommen verrückt gemacht, und oft wusste ich nicht, wie ich mich verhalten sollte – ich war ja noch verdammt jung. Irgendwann begann ich damit, mir meine eigenen Antworten zu suchen.

In jener Zeit hat bei mir auch einiges angefangen kaputtzugehen. Vielleicht hatten meine Eltern einfach keine Energie mehr, meine Fragen zu beantworten, weil sie schon so viel Energie in die Sorgen und in das Bemühen gesteckt hatten, alles zu tun, um ihr Kind am Leben zu erhalten.

So habe ich mich immer mehr zurückgezogen und alles mit mir allein ausgemacht. Ich war verunsichert, ich wusste nicht, was ich bin, wer ich bin und wie es weitergehen sollte. Bin ich jetzt ein ehemaliger Krebskranker, der von nun an jedes Jahr auf das Sommerfest von der Kinderkrebsstation geht? Ich war auf jeden Fall gesund, aber trotzdem habe ich nicht zu den Gesunden gehört. Ich gehörte nirgendwohin. Irgendwann habe ich gedacht, wenn ich mich töte, dann wäre das Problem gelöst.

Damals wurde ich von einer Psychotherapeutin begleitet, die sich wöchentlich eine Stunde mit mir hinsetzte, um mir dabei zuzusehen, wie ich malte. Wie öde. Auf der anderen Seite hatte ich aber überhaupt keine Lust, über meine Gedanken zu sprechen. Selbst wenn es der Gedanke war: Was wäre, wenn ich einfach tot bin? Wäre es dann nicht leichter?

Jeden Rückschlag habe ich, ohne zu überlegen, auf meine Behinderung geschoben. Bekam ich eine schlechte Note in der Schule, dann war das Bein schuld. Denn ich konnte ja nicht genug lernen, weil wegen der Prothese alles länger dauerte. Oder ich hatte, als ich nach der OP weiter Chemotherapie bekam, zu wenig Zeit, mich auf eine Klassenarbeit vorzubereiten. Für mich war immer die Krankheit an allem schuld. Ganz falsch war das ja auch nicht, aber meine Überlegungen lauteten in dieser Zeit: Ey, jetzt bin ich behindert, mir fehlt ein Bein, ich werde niemals einen Job finden oder eine Freundin haben, geschweige denn irgendwann mal heiraten und Kinder großziehen. Dazu kam der Druck von den Erwachsenen, jetzt endlich doch mal die Prothese zu tragen. Und getoppt wurde das von schlechten Noten in der Schule. Denn wenn ich jetzt auch noch eine Fünf schrieb, dann war ich vielleicht auch noch dumm?

Da lag die Frage für mich nahe: Will ich denn noch überhaupt so weiterleben? Will ich bis in alle Ewigkeit auf andere Leute angewiesen sein?

Für alle anderen war die Prothese das Allheilmittel. Meine Eltern wollten sie unbedingt und wollten ja gleichzeitig auch immer nur das Beste für mich. Das war eine schwierige Situation.

Mit der Psychologin habe ich nicht über diese dunklen Gedanken gesprochen, und schon gar nicht habe ich sie meinen Eltern gegenüber thematisiert, denn mir war das Ausmaß dessen bewusst, was ich damit auslösen würde. Es gab niemanden, mit dem ich darüber hätte reden können. Folglich habe ich das alles mit mir selbst ausgemacht. Das ging ungefähr ein Jahr lang so. Und irgendwann verschwand die düstere Gedankenwolke in meinem Kopf von selbst.

Eine Lösung bestand für mich damals leider darin, andere Kinder zu schlagen. Mich zu prügeln war sowohl Ventil als auch Mittel, um mir Anerkennung zu erkämpfen. Eine andere war für mich, den Deal mit den Wochentagen, an denen ich die Prothese tragen sollte, neu zu verhandeln. Zunächst ging es nur noch um zwei Tage pro Woche und schließlich um einen. Manchmal habe ich sogar Phantomschmerzen vorgeschoben, um mich aus der Affäre zu ziehen, und durfte dann mit Krücken in die Schule gehen.

Neben solchen Kompromissen gab auch richtige Lichtblicke in dieser düsteren Zeit. Zufällig saß ich irgendwann mal auf dem Fahrrad eines Kumpels und stellte fest: He, das geht ja! Ich kann Fahrrad fahren und brauche kein Behindertendreirad! Solche Momente gab es durchaus hin und wieder.

Ich mache meinen Eltern rückwirkend keinen Vorwurf. Sie wollten wirklich nur das Beste für mich, und ich glaube, sie würden es heute noch ganz genauso machen. Das Erste, was Leuten einfällt, wenn ein Körperteil fehlt, ist halt, es durch eine Prothese zu ersetzen. Und das gilt ja nicht nur für Beine oder Arme, sondern beispielsweise auch für einen Kiefer. Stell dir vor, du hast Knochenkrebs im Kiefer, sofort würdest du über eine Rekonstruktion nachdenken.

Damals konnte ich es nicht so formulieren, aber ich hatte das Gefühl, niemand versucht ernsthaft, sich in meine Situation hineinzuversetzen. Ich war wirklich genervt und dachte oft: Ihr habt nicht den Stumpf, an dem die Prothese scheuert und weh tut. Ihr habt nicht die Angst, dass ihr mit der Prothese eher hinfallt, als dass ihr einen sicheren Schritt machen könnt. Ihr habt das Problem nicht. Ihr wisst nicht, wie ich mich in meinem Körper fühle.

Meine Eltern oder die Verwandtschaft kannten Prothesen

überwiegend nur aus irgendwelchen Filmen oder Dokumentationen. Der Freund meiner Eltern, den wir besucht hatten, war im ganzen Umfeld der einzige Mensch mit einer Prothese. Alle hatten trotz ihres Unwissens ganz klare Erwartungen an mich. Der Erste, der in dieser Frage nachgegeben hat, war mein Vater. Erst später hat meine Mutter dann eingesehen, dass sie mir vertrauen konnte, wenn ich ihr sagte, dass die Prothese nichts für mich sei. Mein Vater hatte früher erkannt, dass er mich nicht zum Tragen zwingen kann, wenn ich es nicht möchte.

Als ich zwölf Jahre alt war, habe ich mich durchgerungen und ganz klar gesagt, dass ich die Prothese nicht mehr möchte, und kurz darauf musste ich sie auch nicht mehr tragen. Nach zwei Jahren Debatten und Kampf haben wir sie dann ganz hinten in meinem Kleiderschrank verstaut.

Die wichtigste Eigenschaft, die ich bisher gelernt habe – und damit meine ich nicht in der Schule oder Ausbildung –, sondern wirklich gelernt, da ich es an mir selbst erfahren habe, lautet: »Alles, worauf wir unseren Fokus legen, wird größer.« Wenn wir negative Gedanken haben und uns darauf konzentrieren, wie furchtbar blöd und schlecht alles ist, werden diese Ideen uns immer weiter runterziehen. Sie werden immer größer, verstärken sich stetig, und wir rennen auf direktem Weg ins Unglücklichsein.

Konzentrieren wir uns aber auf die schönen Dinge im Leben, die Kleinigkeiten, die unscheinbaren Augenblicke, die uns im ersten Moment banal erscheinen, fängt das Leben an, ein kleines Stückchen besser zu werden.

Wir ziehen dann positive Situationen an wie ein Magnet, und selbst wenn uns etwas Negatives widerfährt, lernen wir, besser damit umzugehen und optimistischer zu sein. Davon bin ich aus tiefstem Herzen überzeugt.

Daran selbst ganz bewusst jeden Tag zu arbeiten, hat mir so sehr geholfen, und von Tag zu Tag gelingt es mir noch heute ein bisschen besser.

Flamingo

Nach einem Jahr im Krankenhaus wurde ich in der Schule zurückgestuft und musste die dritte Klasse wiederholen, während meine Freunde Andi und Patrick schon weiter waren. Doch unsere Freundschaft war eh bereits im Sande verlaufen, weil wir uns so lange nicht mehr gesehen hatten. In der Klinik durften sie mich nicht besuchen, und wenn ich an den Wochenenden bei meinen Eltern war, hatte ich oft nicht die nötige Kraft, um mit ihnen zu spielen. Klar hätten wir telefonieren können, aber darauf hatte ich keine Lust. Worüber hätten wir schon sprechen sollen? »Ich habe heute wieder Chemo bekommen, und das kleine Mädchen aus dem Nachbarzimmer ist gestorben. Und was macht ihr heute Nachmittag noch so?« Nein, das wollte ich nicht.

Auf die Schule habe ich mich auf der einen Seite sehr gefreut, auf der anderen Seite wusste ich, dass ich jetzt anders war. Viel wichtiger als die Tatsache, dass ich älter war als die anderen, war natürlich, dass ich nun der war, der nur ein Bein hatte. Meine Mutter hatte mich gewarnt: »Die anderen Kinder werden gucken.« Darauf war ich vorbereitet. Wie schlimm es aber tatsächlich war, dass mich alle die ganze Zeit anstierten, das hätte ich mir nicht ausmalen können. Ständig habe ich die Blicke der anderen gespürt, nicht nur auf dem Schulhof, sondern auch während des Unterrichts. Ich wusste, die anderen fragten sich hinter vorgehaltener Hand: Wie sieht der denn aus? Was ist denn mit dem los?

In der Pause mochte ich nicht hinaus auf den Hof gehen. Mich zu den Mädchen zu setzen, das ging ja nun gar nicht, und mit den Jungs zu spielen endete häufig in einer Prügelei, weil sie mich hänselten. Was konnte ich also tun? Am Ende habe ich mich mit dem anderen ausgegrenzten Kind in der Klasse zusammengetan. Der Basti hatte einen Herzfehler und war außerdem ziemlich dick, wodurch er sich auch nicht so bewegen konnte wie die anderen. So saßen wir auf der Bank wie zwei Vögel auf einem Ast und haben aus sicherer Entfernung den anderen beim Toben zugeguckt.

Außerdem hatte ich immer Angst, dass mir noch mehr genommen würde. Ich hatte ein Bein verloren, ich hatte die Fähigkeit verloren, zu rennen oder auf Bäume zu klettern. Ich fürchtete, auch noch das zu verlieren, was mir am meisten Spaß machte und mir noch geblieben war: mit den Actionfiguren zu spielen und einfach Zeit mit meinen Eltern zu verbringen. Ich wollte so gern bald wieder meine Tante in den USA besuchen können.

Es blieb natürlich nicht aus, dass die Kinder mir Beleidigungen nachriefen: Krüppel, Missgeburt oder Flamingo, um nur ein paar zu nennen. Das verletzte mich, aber am schlimmsten war es, wenn sie mich hänselten, ich daraufhin versuchte, sie zu fassen zu kriegen, und sie dann kichernd auf einem Bein davonhüpften. Viel schneller als ich, versteht sich. Ich habe mich dann mit Prügel gewehrt, wenn ich sie zu fassen bekam. In der dritten und vierten Klasse habe ich mich häufig gekloppt, das war meine Art, mich zu wehren. Heute erscheint es mir ganz absurd, weil ich absolut kein Typ bin, der körperliche Gewalt okay findet. Doch damals hatten die Prügeleien noch eine zweite Funktion: Wenn ich mich mit anderen Jungs schlug und wir auf dem Boden lagen, dann waren wir ebenbürtig. Wir kämpften mit den Fäusten, dabei spielte es keine Rolle, wie viele Beine ich hatte. In der Tat habe ich dabei fast immer verloren, was für mich auf lange Sicht aber irgendwie wichtig war, denn ich habe lernen müssen, wie weit ich gehen kann. Ich konnte verteilen, ich konnte vor allem aber auch einstecken. Beim Prügeln auf dem Boden waren wir gleich, und ich war wieder ein ganz normaler Junge.

Meine Klassenlehrerin war da selbstverständlich ganz anderer Meinung, deshalb gab es häufig Anrufe zu Hause, und wieder hieß es: Termin beim Psychologen. Meine grundsätzliche Haltung zu diesen Gesprächen hatte sich seit der Zeit im Krankenhaus nicht geändert. Ich wollte nicht reden, schließlich war der Therapeut oder die Therapeutin ja nur irgendwer, nach Frau Soundso kam Dr. Soundso, später Dr. Schmitt, die kam aus der Schweiz, und so weiter und so fort.

Sie waren nicht wie Klaus, den ich nur noch selten traf. Zunächst hatte ich einmal im Monat zum Screening zurück in die Klinik gemusst. Dort wurde überprüft, ob sich auch keine Metastasen gebildet hatten und wie die Heilung des Stumpfes voranging. Die Abstände zwischen den Nachuntersuchungen wurden länger. Nach zwei Jahren musste ich nur noch einmal im Jahr zum Screening, und als ich dreizehn war, lag dann dieses Schreiben vom Arzt bei uns im Briefkasten. Nachdem meine Mutter den Brief geöffnet und gelesen hatte, sah ich sofort an ihrem Gesichtsausdruck, dass sie kurz davor war zu weinen.

»Wir sind wieder gesund. Hier steht, dass du jetzt gesund bist! Nun müssen wir nicht mehr ständig zur Nachuntersuchung.« Sie nahm mich fest in den Arm.

Na dann.

Den Krebs hatte ich schon ganz ausgeblendet bis auf den einen Tag im Jahr, an dem ich den Untersuchungstermin in der Klinik hatte. Ich war mit meinen Gedanken bereits ganz woanders: Mit wem geh ich am Samstag kicken? Werde ich jemals eine Freundin haben? Was soll dieser Pickel am Kinn?

Mit der Erkrankung und was sie mit meinem Körper machte, hatte ich mich vorher lange genug beschäftigt.

Ich war körperlich wie seelisch durch die Hölle gegangen, so fühlte es sich an. Erst musste ich mich in einem Leben mit Krebs zurechtfinden, dann in einem mit nur einem Bein. Zwischenzeitlich hatte ich mich neu erfinden müssen, alles musste ich neu lernen.

Der Brief ließ mich kalt, es stand ja nichts Neues drin. Ich bin wieder gesund. Na und? Etwas anderes wäre es gewesen, wenn dort gestanden hätte:

»Sehr geehrte Frau Belz, sehr geehrter Herr Belz,

ihr Sohn ist jetzt zwar gesund, aber behindert. Ihm werden sein Leben lang Steine in den Weg gelegt werden.«

Doch das, was in dem Anschreiben stand, sagte überhaupt nichts über mich aus. Mein Vater hat von diesem Brief erst am nächsten Morgen erfahren, aber für meine Mutter war er immens wichtig.

Mit meinen Eltern spreche ich hin und wieder über diese Zeit. Der Vergleich hinkt zwar, aber für mich ist sie mit einer Reise zu vergleichen. Es ist eine abgeschlossene Zeitspanne, die zurückliegt und an die man sich erinnert. Natürlich waren diese Jahre kein Urlaub, aber die Krebserkrankung und Amputation haben auch viele gute Dinge mit sich gebracht, zum Beispiel Begegnungen mit vielen tollen Menschen, die ich im Rückblick nicht missen möchte. Und ich bin ein bisschen stolz darauf, wie wir drei das gemeinsam geschafft haben.
Worauf bist du stolz?

In der fünften Klasse wechselte ich auf die Hauptschule, wo ich dann irgendwie ein bisschen die Kurve gekriegt habe. Es war nicht so, dass ich der Beste in der Klasse war, aber ich wusste, wie ich mich einzugliedern hatte. Auf der neuen Schule waren einige alte Mitschüler in meiner Klasse. Die kannten mich schon, da musste ich mich nicht mehr durch Prügeleien beweisen, und mein Verhältnis zu den anderen normalisierte sich recht schnell. Ich fand gleich zu Beginn Freunde, einige von ihnen russischer Herkunft. Natürlich gab es auch auf der neuen Schule Jungs, die sich über mich lustig gemacht haben, aber das war mir dann schon egal, es hat mich nicht mehr so getroffen wie früher.

Ich konzentrierte mich mehr auf die Fächer und – schwer zu glauben, aber wahr – ich war der Star im Schönschreiben. Das war mir damals superwichtig. Ich war in einer Clique, in der es keine Frage war, die Hefte für Mathe (blau) und für Deutsch (rot) ganz ordentlich zu führen. Das ging so weit, dass ich eine Seite herausriss, wenn ich einen Fehler gemacht hatte, um noch mal alles säuberlich abzuschreiben.

Als Teenager waren Mädchen natürlich auch ein Thema. »Das klappt nie!«, dachte ich. Wie sollten mich Mädchen denn gut finden, wenn die ganzen anderen Jungs cool waren, Baggy Pants trugen und Skateboard fuhren? Okay, Fußball habe ich auch gespielt, aber ich war eben nicht »vollständig«, weil ich nur ein Bein hatte. Jedenfalls haben mir die anderen diesen Eindruck vermittelt, und das habe ich dann auch geglaubt, bis ich in der Mittelstufe meine ersten Erfahrungen mit Mädchen gemacht habe. In den Stunden wurden Briefchen geschrieben und rumgeschickt – ganz normale Sachen, die Teenager eben machen.

In jener Zeit habe ich mir auch viele Gedanken darüber gemacht, wie es wäre, wenn ich wirklich eine Freundin hätte. Jetzt war wieder das Thema Krücken oder Prothese akut. Würde ich mit einem Mädchen nach der Disco nach Hause gehen und dann erst einmal zu einer langen Erklärung ansetzen? »Äh, also, das Bein da, das ist gar nicht echt.« Oder: »Sorry, das Abschnallen von der Prothese dauert doch noch etwas länger. Wo kann ich die denn mal hinstellen?«

Die Situation erläutern zu müssen, war mir alleine von der Vorstellung her schon zu anstrengend. Da war es viel einfacher, wenn die Leute von Beginn an sehen konnten, dass ich nur ein Bein habe. Und wenn mich ein Mädchen dann fragen sollte, warum das so war, lautete die Antwort »Knochenkrebs«, und der Fall war erledigt.

Schwerer Rucksack

Aber bis es überhaupt so weit kommen sollte, dass ich ein Mädchen näher kennenlernte, dauerte es noch eine Weile.

In der sechsten Klasse war Lucas mein bester Freund. Er war einer der Ersten auf der neuen Schule gewesen, der in mir nicht nur das fehlende Bein sah, sondern früher als die anderen checkte, dass da auch noch eine Person war, mit der man quatschen, kicken und albern sein konnte.

Einmal hatten wir verabredet, nach der Schule zu ihm nach Hause zu gehen, um gemeinsam Hausaufgaben zu machen. Lucas hatte vergessen, morgens seiner Mutter Bescheid zu sagen. Also gingen wir gleich nach der fünften Stunde zur Telefonzelle vor der Schule, um sie anzurufen. Während er mit seiner Mutter sprach, stand ich daneben und blinzelte in die Sonne. Es war Ende März und wurde allmählich wärmer. Man konnte schon die winzigen Blätter an den Bäumen erahnen, sie waren knallgrün. Die Pfützen auf dem Fußballplatz würden bald verschwunden sein.

Es dauerte fünfzehn Minuten, um zum Haus von Lucas' Eltern zu kommen – ich lief mit Krücken, das muss ich vielleicht dazusagen. Wir standen mit unseren Ranzen vor der Tür und klingelten. Nachdem die Tür aufgegangen war, gab es für Lucas ein Begrüßungsküsschen, doch als die Mutter mich sah, fiel ihr alles aus dem Gesicht. Lucas hatte wohl vergessen zu erwähnen, dass ich der Junge mit dem einen Bein war. Die Frau wurde kreidebleich und wusste überhaupt nicht, wie sie mit mir umgehen sollte. Nun, nachdem sie sich einigermaßen gefangen hatte, begrüßte sie mich. Wir gingen durch den Flur ins Esszimmer, wo schon für das Mittagessen gedeckt war. Als ich meine Krücken zur Seite gestellt hatte, um mich erst einmal in einer Ecke auf den Fußboden zu setzen, kam plötzlich Bewegung in Lucas' Mutter. Sie ruderte mit den Armen und hob mich dann kurzerhand vom Boden hoch: »Hol dem Tom mal einen Stuhl«, wandte sie sich an Lucas. Aber da standen doch genügend? Lucas rückte irritiert an den Stühlen herum, bis sie mir einen unter den Hintern schob. Kaum saß ich, nahm sie mir den Rucksack von den Schultern. Der war zwar schwer, aber das hätte ich auch alleine hinbekommen. Sie ging um mich herum und beugte sich zu mir herunter. Dann fing sie sogar an, an meinem Reißverschluss herumzunesteln, um mir die Jacke auszuziehen. Dazu kam sie schon wieder ganz nah an mich heran, so dass ich ihr Parfüm riechen konnte. Ich wusste überhaupt nicht, wie ich reagieren sollte, denn ich kannte die Frau ja gar nicht!

Beim Essen musste mich dann der arme Lucas bedienen. Zu Hause habe ich mir immer selbst den Teller und etwas zu trinken geholt, aber hier sorgte seine Mutter dafür, dass ich regungslos sitzen blieb, so als steckte ich in einer Zwangsjacke. Nach dem Essen wollten wir zum Hausaufgabenmachen und zum Spielen hoch in Lucas' Zimmer. Doch so einfach ging das nicht. Seine Mutter hielt uns auf, um ihren Mann zu holen. Lucas' Vater hatte im Keller des Bungalows sein Büro, jetzt wurde er extra hinaufgerufen. Er sollte mich nämlich die Treppe in das ausgebaute Dachgeschoss hochtragen, wo Lucas sein Zimmer hatte. Seine Mutter war davon überzeugt, ich könnte mit meinen Krücken die Treppe nicht bewältigen. Ich war starr vor Entsetzen und konnte gar nichts sagen. Ich versuchte zu schlucken, aber das ging irgendwie nicht. Als Lucas'

Vater kurz davor war, mich hochzuheben, täuschte ich Phantomschmerzen vor, damit ich bloß schnell nach Hause konnte. Ich wollte dieser merkwürdigen Situation entkommen.

Meine Mutter hat mich dann abgeholt, gleich nachdem ich sie angerufen hatte. Im Sonnenschein sind wir zu uns gefahren, durch meine Tränen hindurch habe ich das seichte Grün der Äste an uns vorbeirauschen sehen. Ich konnte nicht aufhören zu weinen.

»Mama, die Mutter vom Lucas hat mir alles genommen.« Als ich ihr auf der Rückfahrt von dem Tag bei Lucas erzählte, war sie sehr feinfühlig, sie konnte mich verstehen. Und da begriff sie, glaube ich, auch, dass es gar nicht um die Frage Prothese oder nicht geht. Sondern dass es für mich wichtig war, mich einfach das machen zu lassen, was ich wollte. Meine Mutter verstand endlich, dass ich eigenständig war und man es mir trotz meines jungen Alters überlassen musste, bestimmte Entscheidungen zu treffen. Ich wusste selbst, wann ich Hilfe brauchte und wann nicht. Man tat mir keinen Gefallen damit, mir alles abzunehmen, das kam eher einer Entmündigung gleich.

An jenem Tag hatte mir Lucas' Mutter – weil sie es nicht besser wusste – jegliche Autonomie genommen. Das ist an sich fürchterlich genug, aber darüber hinaus war sie mir auch physisch viel zu nahe gekommen. Das war übergriffig und mir total unangenehm.

Ich wollte einfach wie ein eigenständiger, normaler Junge behandelt und respektiert werden. Denn wie ein ganz normaler Junge habe ich mich gefühlt, ob das linke Bein nun dran war oder nicht.

In die Falle der gedankenlosen Hilfsbereitschaft tappen viele »normale« Menschen gerne mal. Damit will ich nicht sagen, dass es schlecht sei, anderen zu helfen, jemandem mal die Tür aufzuhalten oder einer Person den Vortritt zu lassen. Was mich ärgert, ist, dass selbstverständlich angenommen wird, dass zum Beispiel eine Rollifahrerin die Tür zur Post nicht selbst aufmachen kann. Da legen die Passanten einen Schritt zu, um zuvorkommend zu sein. Wie gesagt – das kann auf der einen Seite als Freundlichkeit aufgenommen werden, auf der anderen aber auch als Bevormundung oder Beschränkung der Eigenständigkeit. Warum fragt man beispielsweise einen Rollifahrer nicht nach dem Weg, sondern eher jemanden auf zwei Beinen? Und warum fragen wir nicht vorher, ob jemand unsere Hilfe überhaupt braucht oder will? Ich finde, es macht einen Unterschied, ob Menschen nett sein und *mir* helfen wollen oder in mir nur irgendeinen Behinderten sehen, der bedürftig ist und Hilfe braucht. Dann bekomme ich eher das Gefühl, dass sie mir helfen wollen, um sich selbst besser zu fühlen.

Skaterboy

Der Nachmittag bei Lucas war ein Schlüsselmoment in meinem neuen Leben. Mir wurde bewusst, dass mir jemand aufgrund meiner physischen Besonderheit meine Eigenständigkeit nehmen wollte, und das würde sich mit Sicherheit wiederholen. Ich musste lernen, nicht nur für mich damit umzugehen, dass ich nur noch ein Bein hatte, sondern auch, wie andere Menschen auf meine Behinderung reagieren würden.

Ich wollte allen zeigen, dass ich alles machen konnte, was die anderen auch taten!

Für genau diesen Zweck brauchte ich einen Rollstuhl. Ich hatte ein Anrecht auf dieses Hilfsmittel (wen es interessiert, der kann das in § 33, Sozialgesetzbuch V, nachlesen). Warum dieses Gesetz also nicht nutzen, um mit den Kumpels in der Halfpipe zu skaten? In der Schule hatte ich ein paar Jungs kennengelernt, die ihre freie Zeit auf Skateanlagen verbrachten. Sie nahmen mich zum Skatepark Nieder-Roden mit, oder wir fuhren zum Skatepark Babenhausen. Dort konnte ich meinen Rollstuhl – immerhin ja auch vier Räder – als Sportequipment benutzen. Ich bin mit den Skater-Jungs die Halfpipe rauf- und runtergefahren, habe mich natürlich genauso wie sie zwischendrin ordentlich hingelegt und mir zahlreiche Schürfwunden zugezogen. Hier holte mich das alte Gefühl vom Schulhof wieder ein: Erst wenn ich auch ein blutiges Knie hatte, war ich so wie die anderen, wir waren sozusagen ebenbürtig. Ich habe es genossen, dass die anderen mich als Teil der Gruppe akzeptierten. Mein »Board« war zwar etwas speziell, aber ich war einer von ihnen. Und wie den anderen auch war es mir in jener Zeit total wichtig, die richtigen Sneakers und passenden Klamotten zu haben. Was tragen die anderen für Caps? Was brauche ich, um dazuzugehören? Um Zugehörigkeit ging es natürlich auch, als die Ersten anfingen, Bier zu trinken und Zigaretten zu rauchen.

Nach meinem ersten Zug dachte ich, ich müsste kotzen, so musste ich husten. Dabei beließ ich es denn auch. Dasselbe galt für Bier. Weder das noch anderer Alkohol haben mir jemals geschmeckt. In diesem Punkt war ich dann doch der Außenseiter, auch wenn es mir so wichtig war, dazuzugehören.

Aber das wiederum war cool, denn ich war der Sonderling in der Gruppe, weil ich nicht geraucht habe und nichts trank, nicht weil ich im Rollstuhl saß. Die Witze der anderen, die ich deshalb über mich ergehen lassen musste, fand ich auch wieder gut, weil sie nichts mit der Behinderung zu tun hatten.

Eher notgedrungen habe ich auch außerhalb meiner Freizeit einen Rolli benutzen müssen, beispielsweise als wir in der neunten Klasse ein Betriebspraktikum absolviert haben. Meine Mutter hatte die Idee, ich sollte die zwei Wochen im Römer, im Frankfurter Rathaus, absolvieren. Wahrscheinlich mit dem Hintergedanken, dass, sollte es mir da gefallen, ich einen Ausbildungsplatz – einen festen Job mit dem Endziel Beamtenstatus – bekommen würde. Unkündbarkeit war das Traumziel meiner Eltern für mich. Dann könnte ich nämlich den Job bis an mein Lebensende machen, egal, wie gut oder schlecht es mir körperlich ginge.

Als Fünfzehnjähriger bin ich dann mit meinem Rolli im Römer aufgekreuzt und wurde an einen x-beliebigen Schreibtisch platziert. Es gefiel mir dort kein bisschen. Ich saß den ganzen

Tag lang nur vor dem Computer, und auch als Praktikant wurde ich nicht richtig anerkannt. Ich wusste zwar nicht, was ich später mal werden wollte, aber Beamter zu sein war es schon mal mit Sicherheit nicht.

IV ANKOMMEN

Mit einem Bein fest im Leben

Das Mariposa-Syndrom

Eine Sache, für die man brennt, kann ein unglaublicher Zeit-fresser sein. Man konzentriert sich voll darauf und guckt manchmal nicht mehr nach links und rechts. Darüber können Beziehungen in die Brüche gehen, Freunde aus dem Leben ver-schwinden, und am Ende bricht einem sogar das Herz.

Mit sechs Jahren habe ich begonnen, Schlagzeug zu spielen. Mein Vater hat mich genommen und an sein riesiges Schlag-zeug gesetzt, auf dem ich herumgetrommelt habe. Früher war er professioneller Schlagzeuger und verdiente sein Geld mit der Musik, heute gibt er nur noch aus Spaß Konzerte. Ich komme bei dieser Sache genau nach ihm, wir sind beide »Straßenmu-siker« – wir können beide keine Noten lesen und spielen nur nach Gehör und Gefühl. Mit zwölf Jahren hatte ich meine erste Garagenband und später hatte ich das Glück, bei der Band Spat Out mitzuspielen.

Die Band war großartig, das heißt Ben, Hanno, Heiko und Martin waren großartig. Das waren vier total liebe Jungs, die leidenschaftlich gern Punkrock spielten. Wir verstanden uns super, und nachdem wir einige Konzerte gemeinsam gespielt hatten, beschlossen wir, mit anderer Musik und unter anderem Namen weiterzumachen. Wir wollten Punk und Screamo spie-len, etwas ganz Neues ausprobieren. Die neue alte Band nann-ten wir Mariposa-Syndrom, *la mariposa* heißt auf Spanisch »Schmetterling«. Das Schmetterlings-Syndrom also, und unter diesem Namen tourten wir auch. Mit unserem Kombi fuhren wir zu unseren Auftritten, bis in die Niederlande. Ich ging in der Musik auf, drehte bei den Konzerten total durch. In den Pausen kletterte ich aufs Schlagzeug, oder manchmal ging ich hinunter zwischen die Zuschauer und Zuschauerinnen, während die Band noch oben auf der Bühne stand. Mir war die Nähe zum Publikum wirklich wichtig, ich wollte und suchte den Kontakt.

Und klar, ich machte die Band nicht nur wegen dieser Aktionen unverwechselbar. Wir waren die Band mit dem einbeinigen Drummer, das hatte einen hohen Wiedererkennungswert, keine Frage. Die Band mit dem Schlagzeuger, dem ein Bein fehlte und der trotzdem – oder gerade deswegen – sehr gut spielte, aufs Schlagzeug kletterte und sich vor nichts und niemandem fürchtete. Das Mariposa-Syndrom wurde immer bekannter, und wir wurden immer häufiger gebucht.

Doch irgendwann kamen wir nicht mehr weiter, was dazu führte, dass wir uns in aller Freundschaft aufgelöst haben. Ohne Groll, ohne Streit, einvernehmlich, wie man so schön sagt. Dennoch war ich furchtbar traurig, es fühlte sich wie eine Trennung in einer Beziehung an.

Schließlich hatten wir uns zweimal wöchentlich zu den Proben getroffen, und freitags und samstags spielten wir Konzerte. Pro Woche haben wir uns also an vier Tagen gesehen. Während ich noch zur Schule ging, haben die vier schon studiert und ein Semester ans nächste gehängt, um genügend Zeit für die Band zu haben. Unsere jeweiligen Beziehungen haben darunter gelitten, dass wir so viel weg waren. Es gab auch mit den Familien Konflikte, zum Beispiel konnte unser Gitarrist einmal nicht zu einer Beerdigung gehen, weil wir mit der Band unterwegs waren. Alles unter einen Hut zu bekommen war gar nicht so einfach. Aber jeder von uns wusste, wie wichtig die Musik und das Zusammenspielen in der Band war. Das hat mir megagut gefallen, dieses Zusammengehörigkeitsgefühl und die Begeisterung.

für eine Sache! Und das Herumreisen und Leutekennenlernen waren ebenso wichtig. Ich war dankbar dafür, dass uns nach den Konzerten Menschen aus dem Publikum sagten: »Das war echt geil!«, für etwas, wofür wir uns zwei Jahre irrsinnig angestrengt hatten. Das war ein super Gefühl. Als Künstler hat man diese 45 Minuten auf der Bühne, um sich darzustellen. Mir aber war wichtig, in dieser knappen Stunde über die Musik eins mit dem Publikum zu werden. Diese Erfahrung war einmalig.

Bei welchen Aktivitäten spürst du Flow, worin gehst du so auf, dass du die Zeit und alles um dich herum vergisst? Ist das Sport, Musik hören oder dich vielleicht mit Freunden treffen?

Lisa

Als ich noch beim Mariposa-Syndrom spielte, waren wir nicht nur wegen Auftritten viel unterwegs, wir haben uns auch selbst häufig Konzerte von anderen Bands angeschaut und sind in Clubs gegangen. Eine Disco mit Livebühne war der Club Biergarten Dieburg. Ein ziemlich düsterer Schuppen, wo entsprechende Bands spielten. Dort lief Metal und Rock, und im Hof konnte man im Sommer wunderbar draußen sitzen. Ich war ja der Jüngste bei Mariposa, die anderen waren drei oder vier Jahre älter als ich. Wie gesagt, ich war ein wenig das Maskottchen der Band, aber Ben und die anderen Bandmitglieder kannte man dort im Club auch schon. Mit der Zeit kannten wir natürlich auch die Stammgäste im »Biga« und das Tresenpersonal sowieso. Während ich mit meinen achtzehn Jahren mit den coolen »großen Jungs« herumstand, kam ich auch immer wieder mit anderen Leuten ins Gespräch. Wir teilten das Interesse an derselben Musik, und sowieso gab es immer etwas zu quatschen. In der Zeit hingen wir also viel im Biga ab, und es gesellte sich häufig so ein kleiner Typ dazu, der vielleicht sechzehn war. Jonas hatte auch immer seine Freundin im Schlepptau, die sehr hübsch und noch jünger war als er. Es gibt ja manchmal Menschen, die sich an einen ranhängen, ohne dass man so genau die Gründe dafür versteht. Und exakt so jemand war Jonas. Wann immer ich mit den anderen in den Club kam, suchte er das Gespräch, und vor allem mit mir. Eigentlich konnte ich mit ihm gar nicht so viel anfangen, vielleicht auch wegen des Altersunterschieds, aber ich war immer freundlich zu ihm. Doch es war auch ein wenig seltsam, dass er wie eine Klette an mir dranhing. War seine Freundin mal ohne ihn im Club, sagte ich ihr hallo, denn schließlich kannten wir uns irgendwie ja auch, dann ließ ich ihm Grüße ausrichten. Sie war so ein süßes Emo-Mädchen, lange schwarze Haare, schwarze Klamotten und dicker Kajalstrich. Sie gefiel mir schon irgendwie, aber sie war ja mit Jonas zusammen, und in fremder Leute Beziehungen wollte ich mich nicht einmischen. Außerdem hatte ich mich längst in eine ganz andere verguckt, die für mich alles verkörperte, was ich an einer Frau toll fand. Gleichzeitig schüchterte mich das aber auch ein, deshalb habe ich ihr damals auch nicht gesagt, dass ich sie für außergewöhnlich hielt. Ich habe mich einfach nicht getraut, weil ich dachte: »Die ist eine Nummer zu groß für dich.« Zumal ich ja noch nicht so ganz wusste, ob es für jede Frau okay ist, wenn ich nur ein Bein habe. Dass sie auch auf mich stand, sollte ich erst viele Jahre später erfahren.

Irgendwann jedenfalls trennten sich Jonas und Lisa, was ich zuerst von Ben erfuhr. Ich textete den beiden, weil es mir wirklich leidtat, dass sie nicht mehr zusammen waren. Jonas suchte nach wie vor den Kontakt zu mir, ich hielt mich ihm gegenüber aber ein wenig zurück.

»He, Tom, wie geht es dir?« Solche Nachrichten habe ich nach ihrer Trennung von Lisa bekommen. »Ich wünsche dir einen ganz tollen Tag!« »Du kannst dich später ja bei mir melden«, und so ging es weiter via MSN-Messenger. Ich antwortete ihr, um höflich zu sein, aber dabei beließ ich es. Ich konnte mir ja denken, dass, würde ich Lisa treffen, vielleicht etwas passieren könnte und dass ihr Exfreund dabei nicht kommentarlos zusehen würde.

»Kann ich dich nicht mal anrufen?«, fragte sie mich ein paar Tage später.

»Ja, klar, am besten ist es abends, melde dich einfach.«

Wir haben einander weiter ein bisschen geschrieben und angefangen zu telefonieren. Die Abstände zwischen den Telefonaten wurden immer kürzer, bis wir ein-, zweimal die Woche bis spät in die Nacht sprachen. Bei solch einem Gespräch über drei Stunden oder mehr habe ich natürlich gemerkt, in welche Richtung das geht, aber sie war ja erst frisch getrennt. Man kennt das ja: Ein Paar trennt sich, dann lernt der eine Partner jemand Neues kennen, und wenn es dann nicht gleich klappt, sind sie wieder mit dem oder der Ex zusammen. Oder ein Partner bekommt Wind von der neuen Beziehung und dreht durch. Oder beide drehen durch, und am Ende gibt es außer Scherben nichts. Aus solch einer Geschichte wollte ich mich raushalten.

Aber während wir telefonierten, stellte ich auch fest, dass wir dieselbe Musik hörten, auf denselben Konzerten und in denselben Clubs unterwegs waren. Sie spielte dieselben Computerspiele wie ich, und sogar ihr Leibgericht war dasselbe – wir aßen beide am liebsten Rouladen. Ich fand sie von ihrer Art her richtig cool. Lisa war einfach sehr nett, die wollte ich näher kennenlernen. Schließlich haben wir uns dann doch einmal getroffen und gequatscht. Und ob es mir selbst nun in den Kram passte oder nicht, ich stellte fest, dass diese Frau auch noch sehr gut duftete. Das ließ sich leider nicht ignorieren, als wir uns zur Begrüßung umarmten.

Danach sahen wir uns ein paarmal, und schließlich haben wir uns beim Abschied auf dem Parkplatz geküsst. Verdammt! Das war so nicht geplant, aber irgendwie auch abzusehen gewesen.

Lisa konnte jedoch leider nicht die Klappe halten. Sie musste es einer Freundin erzählen, die es natürlich weitergetratscht hat, und es dauerte keine zwei Wochen, bis Jonas davon Wind bekommen hatte.

Lisa und ich haben uns weiter getroffen, denn mittlerweile fand ich sie richtig gut. Sogar ein bisschen mehr als nur richtig gut. Sie hatte mein Herz gewonnen, und für mich stand fest: Die soll bei mir bleiben!

Schwierig war aber, dass sie mir nicht glaubte, dass ich sie wirklich toll fand und es für mich mehr war als ein bisschen Herumgeknutsche. Lisa konnte sich einfach nicht vorstellen, dass es möglich sein sollte, in einer Band zu spielen, viel unterwegs zu sein und gleichzeitig eine feste Freundin zu haben. Dann ist man eben an zwei oder drei Wochenenden im Monat unterwegs, aber das eine muss das andere, eine ernsthafte Beziehung zu führen, ja nicht ausschließen. Lisa allerdings sah das anders. Unser damaliger Bassist war Mitte zwanzig, hatte also mehr Erfahrung als ich, und sprach mit mir über die Situation. »Betrachte das Ganze doch mal aus Lisas Sicht! Sie ist verunsichert, kümmere dich mehr um sie. Sie muss mitkriegen, dass du sie wirklich willst. Und außerdem – überleg doch mal. Lisa ist fünfzehn. Wie cool muss dieses Mädchen sein, sich mit fünfzehn in einen Einbeinigen zu verlieben und sich nicht darum zu scheren, was die anderen denken?!«

Verstanden, ich musste mich also ein bisschen mehr bemühen, ihr den Hof machen, sie öfters ausführen. Wir hatten zusammen eine schöne Zeit, bis plötzlich Jonas bei mir anrief, um mir eine klassische Standpauke zu halten und Stress zu machen.

»Okay, bist du jetzt fertig?« Ich ließ ihn spüren, dass mich überhaupt nicht interessierte, was er zu sagen hatte. Denn da war das Kind schon in den Brunnen gefallen, und ich wollte Lisa nicht aufgeben.

Schlag ins Gesicht

»Tom, ich kann das nicht.« Lisa sah mich mit großen Augen und schmalen Lippen an. Ich nehme an, Jonas hatte auch sie angerufen und ihr die Hölle heiß gemacht und nun ließ sie mich einfach fallen. Mir war plötzlich speiübel. Wie konnte ich mich so sehr in ihr täuschen? Ihren Standpunkt konnte ich ja ein bisschen verstehen, aber ich hatte gehofft, sie würde darüberstehen, wenn ihr Ex seiner Wut Luft machte. Hätte es ihr nicht von vornherein klar sein müssen, dass er das nicht stillschweigend hinnahm, dass wir nun zusammen waren? Auf der anderen Seite war auch Jonas' Haltung irgendwie nachvollziehbar. Ich hätte mich auch darüber aufgeregt, wenn ein Typ, den ich sympathisch finde, mit meiner Exfreundin loszieht. Nur bin ich kein Mensch, der dann die Ex anruft und ihr die neue Beziehung ausredet. So etwas würde mir nie einfallen. Allerdings durfte ich schlussendlich nicht vergessen, dass Lisa auch echt jung war.

Nach dem Stress mit Jonas und unserem Gespräch haben wir uns nicht mehr gesehen und auch keinen telefonischen Kontakt mehr gehabt. Ich konnte mich zum Glück entsprechend ablenken. Wir waren mit der Band sehr viel unterwegs, und unsere Konzerte haben mich durch die Tage getragen.

Einige Wochen später war es auf einem Konzert in Obertshausen so weit – ich lief Lisa über den Weg. Der Abend war ein Riesending mit vier Bands aus der Region, wobei wir die Headliner waren. Natürlich kannten wir die anderen Bands und waren mehr oder weniger mit ihnen befreundet. Der Abend war restlos ausverkauft, und als ich am Veranstaltungsort ankam – ich war ein bisschen spät dran –, standen draußen noch zweihundert Leute und wollten Karten kaufen. Das Line-up sprach wohl viele an, daher war es für mich ein totaler Spießrutenlauf zum Hintereingang. Ich kannte viele der Wartenden, aber konnte leider nichts für sie tun, um sie doch noch hereinzulassen. Mehr als einmal wurde ich stürmisch begrüßt, bis mich ein Mädchen am Pulli zog.

»He, Tom, wir müssen mal reden.« Ich drehte mich um, dort stand Lisas beste Freundin. Das hatte mir noch gefehlt, Klärungsgespräche mit irgendwelchen Girlies zu führen. Ich war verdammt sauer, weil ich an die Geschichte mit Lisa nicht erinnert werden wollte, schon gar nicht so kurz vor einem Auftritt!

»Mit dir muss ich über nichts reden. Tschüs.«

Ich bin in die Halle gestürmt und habe mich erst einmal backstage hingesetzt.

Ich konnte nicht glauben, wie voll es war, als wir rausgingen. Der Laden war auf zweihundertfünfzig Besucher ausgelegt, aber es waren weitaus mehr da. Mit dem Mariposa-Syndrom waren wir die Lokalmatadore, und viele waren wegen uns gekommen. Die Stimmung im Publikum war eh toll, aber wir haben dann den Laden vollkommen auseinandergenommen. Bei unseren Konzerten habe ich meist das Intro solo gespielt, erst dann sind die anderen auf die Bühne gekommen. Das Geschrei im Publikum war groß – wie gesagt, die Bude war voll und die Stimmung gut. Ich spielte also ein Stück nach dem anderen, und als ich einmal hochguckte, stand Lisa genau vor mir, mittig in der ersten Reihe, und schaute mich mit Pudelblick an. Das heißt, sie stand so gut es eben ging, denn rings um sie herum haben die Kerle gepokt und gemosht, dass es nur so krachte. Das ganze Konzert, eine knappe Dreiviertelstunde lang, stand sie da und starrte mich an. Bis zum Ende, das in Klatschen und Jubeln unterging, stand sie dort, ohne sich zu regen. Ich versuchte, sie zu ignorieren. Aber mir war ganz schön heiß geworden, abgesehen davon, dass ich durch das Spielen schon ins Schwitzen gekommen war.

Nach dem Konzert packte ich meine Becken und Drums ein und schleppte die Sachen zum Auto.

»Ich will mit dir reden.« Plötzlich stand Lisa direkt vor mir, und es trennte uns kein Bühnenrand mehr.

»Was gibt es denn da noch zu reden?«

»Du musst nichts sagen, einfach nur zuhören.« Sie wich nicht vom Fleck.

Also gut. Ich habe sie dann einsteigen lassen und nach Hause gefahren. Ich wollte hören, was sie zu sagen hatte. Lisa versuchte, mir alles zu erklären, und entschuldigte ihr Verhalten damit, dass sie wenig Erfahrung hätte und so verunsichert wegen Jonas gewesen sei. So weit, so gut, aber ich war achtzehn und hatte wirklich keinen Bock auf solch einen Kinderkram. Auf der anderen Seite fand ich sie immer noch ziemlich cool, und ihre Offenheit imponierte mir.

Ich nahm mir Zeit, um über unser Gespräch nachzudenken. Ein paar Wochen später sind wir noch einmal miteinander ausgegangen, und dann waren wir zusammen, und zwar richtig lange – gemessen an unserem Alter. Dreieinhalb Jahre sind für Teenager eine lange Zeit, aber mir kam es nicht so lange vor, denn schließlich war sie meine erste große Liebe.

Reinvent the Real

»Wir haben ihn!«

»Haben was?« Ich sah die drei Jungs irritiert an.

»Na, wir haben ihn! Wir haben ihn gekriegt!«

Ich brauchte einen Moment, doch dann begriff ich, wovon sie sprachen. Ich strahlte in die Runde und gab ihnen ein High Five.

»Mann, Leute, ich glaub es nicht! Wir haben die Zusage von Bastardized Recordings bekommen? Ihr habt den Plattenvertrag schon dabei?« Meine Stimme kippte fast, so großartig war die Nachricht für uns. Wir hatten also endlich einen Plattenvertrag, für den wir über ein Jahr geschuftet hatten.

Zu The Green River Burial kam ich, weil sie einen Drummer suchten. Die Frankfurter Jungs hatten mich zum Vorspielen eingeladen und um mir deren Musik anhören zu können. Sie machten ziemlich laute und aggressive Sachen, wie Punk, Metalcore, die mir nicht so hundertprozentig gefielen. Es war eine Weile seit der Auflösung von Mariposa-Syndrom vergangen, ohne dass ich in einer Band spielte, weil mir wichtig war, erst einmal die richtige zu finden, in der Leute spielten, mit denen ich gut klarkam. Also war ich über die Aussicht froh, wieder spielen und auftreten zu können, denn ich hatte das Musikmachen vermisst. Nur irgendwie kam ich mit dem Stil, den die Jungs spielten, nicht richtig klar. Die aber wirkten so, als wollten sie mich unbedingt als Schlagzeuger haben, daher stellte ich eine Bedingung: Wir würden Songs spielen, in denen sich alle wiederfinden konnten. Die drei gingen darauf ein. So fing ich 2010 bei The Green River Burial als Drummer an. Ich wusste ziemlich genau, wo ich mit der Musik hinwollte – mein Traum war es, vielleicht davon leben und vor allem auch eine internationale Karriere aufbauen zu können. Ich wollte in großen Hallen und auf Festivals spielen. Ich wollte meinem Vater sagen können: »Guck mal, da habe ich vor zweitausend Leuten gespielt.«

Ich schlug meinen neuen Bandkollegen vor, ein Album zu konzipieren. Sie waren von meinem Vorschlag begeistert, und bald darauf haben wir begonnen, ein gemeinsames Album zu schreiben. Die Jungs wollten immer gleich alles auf der Bühne ausprobieren, aber ich dachte, es sei besser, sich erst mal konzentriert ans Schreiben zu setzen, bis das komplette Album stand. Ich bremste sie also erst noch mal ein wenig aus. Unser Plan sah so aus, dass wir das Album zunächst produzieren und dazu ein anständiges Graphikdesign finden wollten. Ich konnte die anderen davon überzeugen, unser Geld für die Produktionskosten zusammenzulegen. Da hatten wir uns bereits das Label Bastardized Recordings ausgeguckt. Dieses Label gefiel uns besonders, weil es die Art Musik vertrat, die wir machten.

»Hallo, wir sind The Green River Burial aus Frankfurt. Wir sind eine Metalband, und jetzt wollen wir mit der Platte den nächsten Schritt gehen.« Ich hatte ein bisschen die Rolle des Sprechers eingenommen, um die Band nach außen zu vertreten. Und gleich beim ersten Anlauf klappte es! Nach diesem ersten Anruf haben wir immer engen Kontakt zum Label gehalten. Über jeden einzelnen Schritt der Produktion, jedes Einspielen des Schlagzeugs etwa, haben wir es informiert, wir haben Bastardized Recordings sogar in Kopie gesetzt, als wir die Aufnahmen zum Mastern in die USA geschickt haben. Das war auf der einen Seite ein bisschen frech – wir hatten ja noch gar keinen Vertrag –, auf der anderen Seite war es auch clever, von vornherein eine enge Bindung zum Label herzustellen. Am Ende haben wir ihnen die fertige CD präsentiert.

Die Zeit verging, doch nichts passierte.

Bis mir schlussendlich vor Ungeduld der Kragen platzte und ich einfach direkt bei Bastardized Recordings angerufen habe, um nachzuhaken und um ein Gespräch zu bitten. Das ist in der Branche wohl eher ungewöhnlich. Aber wir bekamen einen Termin, und die drei sind kurz darauf nach Selters in den Westerwald gefahren. Ausgerechnet an diesem Tag musste ich meine Abschlussprüfung für meine Ausbildung zum Sozialassistenten ablegen, konnte also nicht mit, was ich echt bedauerte.

Nach kurzen Verhandlungen wurden wir also von Bastardized Recordings unter Vertrag genommen. Unsere Platte *Separate & Coalesce* erschien im November 2012 und entwickelte sich allmählich zur Nummer eins der labelinternen Verkaufscharts. Die Songs »L'Étranger« und »Reinvent the Real« kamen beim Publikum supergut an.

Ein großer positiver Nebeneffekt davon, eine Platte und ein Label zu haben, war nicht nur, dass es große Anerkennung innerhalb der Szene gab, sondern auch, dass wir schnell eine Booking-Agentur aus Österreich hatten. Sie sorgte dafür, dass wir uns nicht mehr selbst um unsere Auftritte kümmern mussten. Früher hatten wir für insgesamt hundertfünfzig Euro gespielt und bei irgendwem im Wohnzimmer auf dem Fußboden geschlafen, nun konnten wir höhere Honorare aushandeln und bekamen Hotelübernachtungen gezahlt. Zunächst buchte uns die Agentur als Vorgruppe für US-Bands, die in Europa auf Tour waren, später dann als gleichberechtigten Act. Irgendwann wurde das zu einem Selbstläufer, dann kamen die Konzertveranstalter von selbst auf uns zu und wollten uns als Hauptact engagieren.

Es war toll, sich nicht mehr um das Thema Booking kümmern zu müssen und sich ganz auf die Musik konzentrieren zu können. Das war vor allem dann wichtig, wenn wir auf einer Tour waren, die uns beispielsweise durch Frankreich, Luxemburg oder Österreich führte.

So ging es dann immer weiter. 2013 hatten wir einen Bekanntheitsgrad erreicht, der so weit ging, dass wir von Designern und Klamottenlabels Kleidung zugeschickt bekamen, die wir auf der Bühne und auf Fotos tragen sollten. Das war quasi der Anfang dessen, was wir mittlerweile als Influencer-Dasein bezeichnen. Natürlich war das für beide Seiten von strategischem Vorteil: mehr Reichweite heißt höhere Verkaufszahlen.

Mit dem Ruhm kamen leider auch Drogen mit ins Spiel, das ist oft einfach so. Ich selbst habe ja weder getrunken noch geraucht noch andere Drogen genommen, und dabei blieb es auch. Einige Bandmitglieder haben das wohl anders gesehen. Konflikte waren da leider unausweichlich. Wenn ich ein ganzes Wochenende unterwegs bin, vielleicht sogar noch einen ganzen Tag lang die Band über die Autobahn zum nächsten Gig fahre und erst spät am Sonntagabend oder gar Montagfrüh, kurz bevor ich wieder zur Arbeit muss, zurückkomme, dann müssen auch die anderen ein gewisses Maß an Kollegialität zeigen. Wenn ich mein Herzblut für die Sache hingebe, dann erwarte ich das auch von den anderen Bandmitgliedern. Eine Band zu sein ist mehr, als gemeinsam neunzig Minuten auf der Bühne zu stehen. Leider waren uns da ab einem bestimmten Punkt die Drogen im Weg. Als ich dieses Problem in der Band ansprach, kam von den anderen nicht viel zurück, und schließlich entschied ich mich dazu, auszusteigen. Die Trennung von der Band ist mir nicht leichtgefallen. Danach hat mir das Musikmachen und Unterwegssein sehr gefehlt. Lange Zeit habe ich in dem Bereich nichts gemacht, obwohl ich viele Ideen im Kopf hatte. Aber ich bin meinen Prinzipien treu geblieben. Wenn ich etwas mache, dann mache ich es richtig und will ohne Kompromisse voll dahinterstehen können.

Vorstellungsgespräch

Bei der Suche nach dem richtigen Job ist mir eines aufgegangen: Vielleicht ist meine Behinderung gar kein Hindernis, sondern eher eine Chance.

Nach meinem Schulpraktikum im Rathaus war für mich klar, dass ich weder einen Bürojob machen noch in irgendeiner Behörde als Quotenbehinderter versauern wollte.

In der Pubertät waren meine Schulnoten in den Keller gesackt. Nach einem schlechten Hauptschulabschluss setzte ich einen erweiterten Hauptschulabschluss drauf, damit ich auf die Realschule gehen konnte, um schließlich eine Ausbildung zum Sozialassistenten zu absolvieren. Für die Ausbildung brauchte ich nur noch einen weiteren Praktikumsplatz, der mir an einem Tag in der Woche Berufserfahrung im pädagogischen und pflegerischen Bereich vermitteln sollte. Ehrlich gesagt habe ich mich bei der Suche nach einem passenden Platz nicht sonderlich bemüht und bin quasi über Bekannte auf der 32-4 gelandet. Seit meiner Entlassung 1996 war ich nicht mehr dort gewesen. Ich hatte in den Jahren dazwischen noch nicht mal mehr das Sommerfest der Krebsstation besucht. Mit der Klinik hatte ich schlicht nichts mehr zu tun haben wollen.

Zurück auf der 32-4 habe ich den Kontakt zu Klaus wieder aufgenommen, der immer noch in der Ambulanz tätig war. Als ich dort arbeitete, ist etwas mit mir passiert – ein Schalter wurde umgelegt. Während meines Praktikums lernte ich auf der Station einen jungen Mann kennen, der auch unter einem

Osteosarkom im Bein litt. Wir unterhielten uns häufig, dabei stellte er mir viele wichtige Fragen, weil auch bei ihm die Entscheidung anstand, ob sein Bein abgenommen werden muss.

In dieser Situation ist mir zum ersten Mal bewusst geworden, dass die Behinderung vielleicht gar kein Hindernis, sondern eher eine Chance ist. Ich konnte ihm und anderen Patienten zeigen, dass man auch mit nur einem Bein ein gutes Leben führen kann. Wir haben uns viel unterhalten, und natürlich habe ich ihm auch gesagt, dass es zu Beginn für mich schwierig war, aber dann auch ein ganz neues Leben begonnen hat. Diesem jungen Mann konnte ich wirklich etwas mitgeben. So nach dem Motto: Wenn ich das machen kann, dann kannst du das auch! Und das Motto begleitet mich noch heute.

Bei einem Vorstellungsgespräch für ein weiteres Praktikum in einer Kindertagesstätte bekam ich jedoch die Vorbehalte gegen Behinderte wieder voll zu spüren.

Eigentlich muss man in einer Bewerbung seine Behinderung erwähnen. In meinen Lebensläufen gab ich zunächst immer an, dass ich krankheitsbedingt ein Jahr Pause machen musste. Doch das habe ich dann irgendwann weggelassen. Ich bin der Meinung, dass eine Behinderung nicht für die Frage relevant ist, über welche Fähigkeiten und Fertigkeiten man verfügt und wie gut man seine Arbeit macht.

Bei diesem Vorstellungsgespräch im Kinderhort war die Leitung im ersten Moment ganz aufgeschlossen, fragte recht offen nach dem fehlenden Bein und ob ich schon über Erfahrungen im Bereich Kinderbetreuung verfügte. Das Gespräch war also ganz nett, und wir waren mit allen wichtigen Themen durch. Dann schlug mir die Dame vor, noch ein beispielhaftes Szenario durchzusprechen.

Mir wurde folgende Situation beschrieben: »Stellen Sie sich

vor, es ist Winter und ziemlich kalt. Draußen auf dem Klettergerüst spielen die Kinder. Durch das Fenster sehen Sie nun, dass sich der Schal eines Kindes am Gerüst festgewickelt hat. Das Kind droht sich zu strangulieren. Wie reagieren Sie?«

»Ich nehme die Krücken, laufe hin und hebe das Kind vom Gerüst.« Das war für mich die selbstverständlichste Antwort.

»Aber sind Sie auf Krücken überhaupt schnell genug?« Die Leiterin sah mich schweigend an.

Meine Antwort ließ nicht lange auf sich warten. »Seien Sie mir nicht böse, wenn ich jetzt auch ehrlich bin. Sie stehen kurz vor der Rente. Auch wenn ich mir meine Krücken schnappen muss, sind Sie nicht schneller dort als ich.«

Eine kurze Pause entstand, und ich dachte schon, jetzt hast du's versaut. Doch die Leiterin zog ein paar Blätter hervor und schob mir den Vertrag zu – natürlich unterschrieb ich!

Wo wirst du in fünf oder zehn Jahren sein? Was wirst du machen?

Das Menschsein bringt schon so seine Tücken mit sich. Jeder kennt das: Man ist unzufrieden, verzweifelt und fragt sich manchmal: »Wie soll es bloß weitergehen?« Den entscheidenden Schritt ins Ungewisse zu wagen und sein Leben zu ändern – davor haben wir doch irgendwie alle Angst und machen uns manchmal bei dem Gedanken in die Hose. Hin und wieder kommt man auch mal von der Spur ab. Und das ist auch okay.

Mir kommt es so vor, als gäbe es in der Art und Weise, wie wir leben, einen weitverbreiteten Denkfehler: Es geht nicht um den schnellen Euro, um Champagner und hippe Klamotten. Nein, es geht vielmehr um Stabilität und um Gemeinschaft – darum, zusammen noch größer und stärker zu werden. Zumindest ist das meine Haltung. Und natürlich geht es auch ein bisschen um das furchtbare Geld, denn schließlich müssen wir alle unsere Brötchen bezahlen und unsere Rechnungen begleichen. Doch habe ich verstanden, dass unser Leben nicht nur aus »pay bills and die« besteht. Ich habe eine Entscheidung getroffen und bin froh, mein Leben mit den richtigen Menschen, an schönen Orten, mit noch viel schöneren Ereignissen selbst planen und erleben zu können. Leben ist so *einfach* – aber verwechsle einfach nicht mit *leicht*. Es ist niemals leicht.

Nachdem ich die staatliche Prüfung zum Sozialassistenten bestanden hatte, hängte ich noch eine Ausbildung zum Erzieher dran. In deren Rahmen kam ich durch ein weiteres Praktikum zu meinem heutigen Arbeitgeber, den Werkstätten Hainbachtal. Zum ersten Mal hatte ich es hier auch mit Menschen mit geistiger Behinderung zu tun. Und zum ersten Mal war die Tatsache, nur ein Bein zu haben, auch in meinem Beruf gar kein Thema mehr! In den Gesprächen mit unseren Klienten, den Personen, die jeden Tag zum Arbeiten zu uns kommen, geht es um Alltagsdinge, um alle möglichen Sachen und durchaus auch um große Themen: Liebe oder dem Verlust eines Menschen. Natürlich sind auch die täglichen Aufgaben, die in den Werkstätten verrichtet werden, wie zum Beispiel Herstellung und Konfektionierung von Produkten, immer wieder Gesprächsthema.

Eigentlich hatte ich studieren wollen, doch mit Einsen in Deutsch und Englisch und einer Fünf in Mathe war das nicht wirklich realistisch. Aber meine heutige Arbeit macht mir Spaß, und sogar den pflegerischen Aspekt meines Berufs finde ich super. Als ich 2012 in Hainbachtal anfing, kam meiner Einstellung entgegen, dass die Leitung plante, eine neue Abteilung einzurichten. Dort sollten diejenigen Menschen mit Behinderung intensiv gefördert werden, die aus dem Raster der staatlichen Finanzierung herausfielen. Daraus hat sich das Modell entwickelt, dass ich sowohl als Betreuer tätig bin als auch den Social-Media-Bereich und die Internetpräsenz der Werkstätten betreue. Daher gestaltet sich mein Arbeitsalltag sehr abwechslungsreich, und ich habe ständig mit neuen Themen zu tun.

Unerwünscht

Rückschläge gehören anscheinend zum Leben dazu, und so musste ich feststellen, dass zwar im Job alles gut lief, jedoch in meinem Privatleben die nächste Hürde auf mich wartete.

Lisa und ich waren schon eine ganze Weile ein Paar und hatten wirklich eine schöne Zeit, doch eine Sache kam mir merkwürdig vor. Entweder gingen wir aus oder wir hingen bei mir zu Hause ab, sie hatte mich noch nie mit zu ihren Eltern genommen. Wenn wir etwas unternommen haben, holte ich sie zu Hause ab, dabei blieb ich aber immer im Wagen sitzen. Lisas Begründung war, dass sie recht konservative Eltern habe, der römisch-katholische Glaube in ihrer Familie sei noch sehr stark. Ihre Vorbehalte versuchte ich mit dem Argument zu zerstreuen, ich hätte doch eigentlich einen Behindertenbonus und würde bestimmt mit ihren Eltern gut klarkommen – was spräche dagegen? Ich bequatschte Lisa so lange, bis sie irgendwann nachgab. An einem Donnerstagnachmittag waren wir bei ihr verabredet. Ihre Mutter war sehr nett und total liebevoll im Umgang mit ihrer Tochter. Was also sollte das Problem sein? Wir gingen weg, und als wir abends zurückkamen, saß ihr Vater im Wohnzimmer und schaute fern, von Lisas Mutter war nichts zu sehen. Natürlich ging ich zu ihm hin, um ihm guten Tag zu sagen und mich vorzustellen. Ich musste bald los, weil ich noch bei meinen Eltern vorbeifahren wollte, und verabschiedete mich von Lisa.

Spätabends rief mich Lisa dann an. Als ich dranging, hörte

ich erst einmal gar nichts. Ich dachte schon, die Leitung sei tot, doch dann nahm ich ein leises Schniefen war. Was war los? War was passiert? Ein Notfall? Irgendwann weinte Lisa so sehr, dass ich sie kaum verstehen konnte. Es dauerte eine Weile, bis sie sich wieder beruhigt hatte. Dann brachte sie hervor: »Meine Eltern wollen dich hier nie wieder sehen.«

Wie bitte?

Ihre Eltern hätten auf sie eingeredet. Mit einem Krüppel verbaue sie sich ihre ganze Zukunft, und sie habe wohl nicht verstanden, worauf sie sich da eingelassen habe. Ich sei im Haus ihrer Eltern nicht mehr erwünscht.

Sie schluckte schwer.

Erst mal versuchte ich, sie so gut es ging zu trösten, aber in meinem Hinterkopf begann es zu wummern: Sind die nicht ganz dicht? Was sind das denn für Menschen? Um es kurz zu machen: Ihre Eltern akzeptierten mich nicht. Der Grund: Mir fehlte ein Bein. Und: Ich hatte Tattoos. Und: Ich übte einen »Weiberberuf« aus.

Nun, egal, sie mussten mich ja nicht lieben, aber ich fand es ungerecht, dass Lisa darunter leiden musste, dass ich ihren Eltern nicht in den Kram passte.

Wir trafen uns dann weiter bei mir oder irgendwo anders, aber an Feiertagen ließ sich das Problem nicht leugnen. Geburtstage und Weihnachten verbrachten wir strikt getrennt voneinander. Lisa wurde regelmäßig von ihren Onkeln und Tanten ins Kreuzverhör genommen: Warum ist denn dein Freund nicht auch dabei? Du hast doch einen Freund? Oder etwa nicht? Leicht auszurechnen, welche Debatten in der Familie daraufhin folgten.

Mich hat das Ganze nicht sonderlich beeindruckt, aber Lisa litt sehr unter der Situation. Nur langsam gewöhnte sie sich daran, und wir setzten unsere Beziehung nach dem neuen

Muster fort. Es vergingen zwei Jahre, und plötzlich wurde ich von Lisas Mutter zum Kaffeetrinken bei ihnen zu Hause eingeladen. Ich nahm die Einladung an. Das Geschehene wurde nicht thematisiert, und siehe da, irgendetwas hatte zum Umdenken geführt. Das Eis war gebrochen, und ich konnte mich sogar mit Lisas Vater unterhalten. Ab diesem Zeitpunkt vertraute er mir sogar seinen Garten und die Hühner an, wenn sie mit Lisa in den Urlaub fuhren. Die Stimmung hatte sich radikal geändert, und plötzlich war ich immer willkommen. Ein halbes Jahr später ist unsere Beziehung dann aus anderen Gründen in die Brüche gegangen.

Von meinem heutigen Standpunkt aus empfinde ich die Haltung von Lisas Eltern als Behinderung. Sie sind die Behinderten, nicht ich. Ich muss nicht verstehen, wie sie zu Anfang über mich gedacht haben, aber ihr Verhalten ist ein gutes Beispiel dafür, wie Vorbehalte gegen Menschen, denen ein Arm, ein Bein, ein Auge oder ein gewisser Grad an Intelligenz fehlt, ganz tief in das Leben der Betroffenen eingreifen können.

Wir sollten mal all die blöden Vorurteile nehmen und sie beiseitepacken! Wie gesund und stark jemand wirklich ist, kannst du nicht ausschließlich anhand seines Körpers festmachen. Sobald wir jemanden wahrnehmen, der zum Beispiel im Rollstuhl sitzt oder etwas mehr auf den Rippen hat, vermuten wir gleich, dass diese Person noch nie zuvor was von Sport gehört haben kann. Sehen wir aber jemanden rennen, laufen, klettern oder jemanden, der durchtrainiert erscheint, gehen wir meistens davon aus, dass derjenige unheimlich sportlich ist. Tatsächlich kann aber auch der Rollifahrer oder die Person mit deutlich mehr Kilos unheimlich fit sein, während die durchtrainierte Person ihrem Körper gesundheitlich keinen großen Gefallen tut und vielleicht trotz anscheinender Stärke keinen Kilometer rennen kann. Also, nicht die Hülle zählt, sondern das, was drinsteckt!

Fehler

Der Charme von Fehlern ist, dass man aus ihnen lernen kann und dass sie eine Sache sind, die man nur einmal im Leben macht – wenn man aufmerksam ist. Kein Mensch ist frei davon, Fehler zu machen, das wäre ja sonst auch langweilig. Wer Fehler vermeiden will, muss zu Hause auf dem Sofa sitzen bleiben und darf sich nicht rühren. Und ich glaube, selbst dabei kann man noch etwas falsch machen – also Mut zu Fehlern!

Kürzlich traf ich mich mit einem Freund, der fest davon überzeugt war, einen schweren Fehler begangen, nämlich eine falsche Entscheidung getroffen zu haben: Er hatte seinen Job gewechselt und war vom Regen in die Traufe geraten, so kam es ihm zumindest vor. Den ganzen Abend haben wir über die Wenn und Abers und die Falls und Obs geredet – aber dabei ist es doch so: Wenn eine Situation untragbar ist, muss man sie versuchen zu ändern. Oder seine Einstellung zu dem Thema überdenken.

Am Ende des Abends mit meinem Freund bin ich nachdenklich nach Hause gefahren. Es hat mich schwer beschäftigt, wie unglücklich mein Kumpel mit seiner Lage war. Das brachte mich dazu, zu überlegen, welche Fehler ich in meinem Leben gemacht habe. Es waren ehrlich gesagt verdammt viele, und je länger ich darüber nachdachte, desto mehr Fehler fielen mir ein. Doch glücklicherweise war keiner darunter, der so schwer war, dass ich noch heute unter den Folgen zu leiden habe.

Ich glaube, den meisten Bockmist habe ich vor langer Zeit gemacht, als Teenager oder in meinen Zwanzigern. Vieles war geprägt von dem Wunsch, anderen zu gefallen und nicht anzuecken. Als Teenager ist es superwichtig, zu einer Clique dazuzugehören, also schaut man sich um, was die anderen so sagen und tun und natürlich welche Klamotten sie tragen. Ich glaube, ich habe damals zu häufig Dinge gesagt, die ich nicht meinte, einfach, um Gehör und damit Anerkennung zu finden. Manchmal habe ich auch den falschen Leuten Recht gegeben, weil ich mir davon Akzeptanz versprach. Häufig kam mir das schon in dem Moment falsch vor, und ich habe mich über mich selbst geärgert. Einer meiner größten Fehler vor vielen Jahren war, wieder mit einer Exfreundin zusammenzukommen. Mit ihr hatte das von Beginn an keine Zukunft, das war schon abzusehen, aber ich habe die Augen vor der Wahrheit verschlossen, um wieder mit ihr zusammen zu sein. Aber warum eigentlich? War es die Angst, alleine zu sein? Angst, nein zu sagen und nicht zu wissen, ob ein zweiter Versuch vielleicht doch hätte klappen können?

Ich hoffe, aus meinen Fehlern gelernt zu haben. Heute denke ich, wenn man jemandem nur nach dem Mund redet, dann schneidet man sich nur ins eigene Fleisch. Vielleicht hört der andere noch nicht mal zu, aber man selbst fühlt sich noch lange hinterher schlecht.

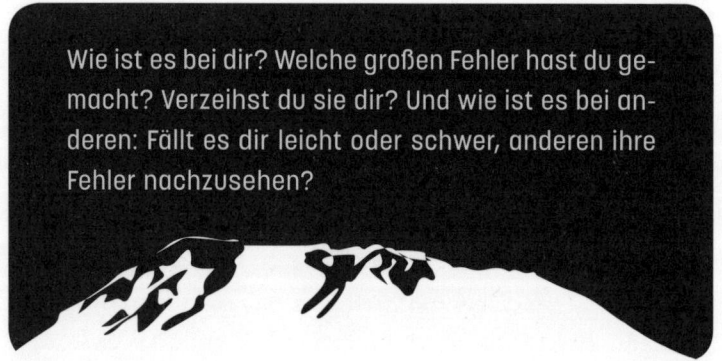

Wie ist es bei dir? Welche großen Fehler hast du gemacht? Verzeihst du sie dir? Und wie ist es bei anderen: Fällt es dir leicht oder schwer, anderen ihre Fehler nachzusehen?

Der B-Bonus

Aufgrund meines fehlenden Beines komme ich in den Genuss von bestimmten Erleichterungen, die für andere Menschen nicht gelten. Ich nenne das den B-Bonus. Dazu zählen auch Dinge wie beispielsweise ausgewiesene Parkplätze oder Steuererleichterungen. Allerdings sind diese Maßnahmen – das räume ich ein – auch ein zweischneidiges Schwert, da man auf der anderen Seite so behandelt werden will wie alle anderen auch, weil man eben nicht als behindert wahrgenommen werden möchte. Das beste Beispiel aus meinem Alltag ist das instinktive Türaufhalten, wenn ich mich einem Eingang nähere. Hilfsbereitschaft ist etwas ganz Natürliches, und ich erlebe es häufig, dass Leute mir die Tür aufhalten wollen. Das ist ja auf den ersten Blick auch total nett, doch es ist für mich oft nervig, da ich durch diese Geste sofort als hilfebedürftig abgestempelt werde, nur weil ich nicht so bin wie alle anderen. Dann hängt es von meiner Tagesform ab, wie ich reagiere. Entweder finde ich das freundlich und bedanke mich, manchmal bin ich aber auch genervt, drehe mich einfach um und lass die Leute dann doof stehen. Es macht einen Unterschied, ob man nett sein will oder nur den Behinderten in seiner vermeintlichen Bedürftigkeit sieht. Hilfe kann sehr widersprüchlich oder ambivalent sein.

Es gibt auch Situationen, in denen ich unerwarteterweise den Behinderten-Bonus bekomme. So ging es mir mal auf dem Geburtstag einer guten Freundin. Von ihrer Oma wurde ich freundlichst begrüßt: »Ach, und du bist der Tom, das ist aber nett, dich kennenzulernen!« »Und du bist die Oma, wie schön. Ich habe schon viel von dir gehört!« Bei einigen Verwandten kam es wohl komisch an, dass ich die alte Dame wie selbstverständlich geduzt habe, was ich eigentlich bei allen Menschen mache, aber das ist eine andere Geschichte. Sie selbst störte sich jedenfalls nicht daran.

Zwiespältig ist auch das Thema »Inspiration Porn«, zu dem ich im Frühjahr 2019 interviewt worden bin. Bei Inspiration Porn geht es darum, dass Menschen mit Behinderung aufgrund ihrer Fähigkeit, ganz normale Sachen zu machen, von Nichtbehinderten glorifiziert werden. Genauer gesagt, Inspiration Porn ist genau das: die Bewunderung für einen Menschen, dem es aufgrund einer Behinderung vermeintlich schlechter geht. Gepaart wird das Ganze mit Sätzen wie: »Wenn ich sehe, wie schlecht es der behinderten Person X geht, dann darf ich mich mit meinen kleinen Wehwehchen nicht beschweren.« Fraglich dabei ist, ob es behinderten Personen wirklich schlecht(er) geht oder ob diese Bewertung einfach in das Weltbild von nicht behinderten Personen passt. Es kommt zu einer Aufwertung der eigenen Person durch das vermeintliche Leid anderer.

Das Thema wird von behinderten Menschen kontrovers diskutiert. Die einen regen sich tierisch darüber auf, wenn sie etwa im Hörsaal hören: »Toll, dass du im Studium hier alles mitmachst.« Sie nehmen solche Aussagen als positive Diskriminierung wahr und fühlen sich herabgesetzt.

Die Frage lautet doch aber auch: Wie viele hundert Mal bekommt es diese Person überhaupt nicht mit, dass Menschen ihr dafür Bewunderung entgegenbringen, das Studium im Rolli durchzuziehen, es aber nicht äußern? Ich für mich sehe die Sache entspannter. Wenn jemand anerkennend zu mir sagt: »Das ist so krass, wie du das alles machst mit nur einem Bein!«, dann gebe ich ihm eben zurück: »He, ich find's auch voll krass, wie du dein Leben so cool lebst mit zwei Beinen.«

Ich wünsche mir einen lässigeren, positiveren Umgang mit vermeintlich diskriminierenden Komplimenten, die vielleicht andere Menschen mit Behinderung stören, mich aber nicht. Es ist doch eher positiv, wenn meine vermeintliche Behinderung, die in der Gesellschaft eher als Schwäche angesehen wird, auf einmal einen positiven und sogar inspirierenden Effekt haben kann.

Und seien wir mal ehrlich: Ohne mein fehlendes Bein hätte weder meine Besteigung des Kilimandscharo Aufsehen erregt noch würdest du, liebe Leserin, lieber Leser, dieses Buch in den Händen halten.

Ich sehe das so: Entweder du nimmst deine Besonderheit als etwas Positives, trägst sie hinaus in die Gesellschaft und sagst dir selbst, dass du einen Samen säst. Oder du bist negativ und schottest dich ab. Was die bessere Alternative ist, ist für mich persönlich keine Frage.

Auf meinem Instagram-Account habe ich ein Komplimente-Tag eingeführt, um Menschen etwas Schönes zu sagen. Mein Ziel ist es, dass wir das Internet und die sozialen Medien für etwas Positives nutzen und Hasskommentaren und Beleidigungen etwas entgegensetzen. Ein Kompliment ist eine kleine Geste, die wir in unseren Alltag einbauen und damit Freude verbreiten können.

Die fünf goldenen Sekunden

Stell dir einen Einbeinigen vor, der einem Ömchen über die Straße hilft. Das ist ein Bild für die Götter, und genau so sieht es aus, wenn ich einer Dame mit Stock über die Straße helfe. Ich finde es wichtig, hilfsbereit zu sein und jemandem beispielsweise in der U-Bahn den Platz anzubieten, wenn man sieht, dass er ihn nötiger braucht. Und so ist es eben auch mit der älteren Dame. Sehe ich sie unsicher am Fußgängerüberweg warten, frage ich sie, ob sie Hilfe möchte, schnappe mir meine Krücke und begleite sie über die Straße.

Auf diese Weise bietet mal der »Behinderte« einem »Nichtbehinderten« seine Hilfe an. Na und? Weil ich Hilfsbereitschaft und Nachsicht hochhalte, habe ich mir auf meinem Oberarm ein Tattoo stechen lassen: WITH REGARD, also mit Rücksicht bzw. Respekt. Rücksicht halte ich für total wichtig. Häufig setzen sich die Menschen ihre Kopfhörer auf und rennen blind, in sich versunken durch die Straßen. Wie furchtbar! Das ist doch schlimm, wenn die Menschen gar nicht miteinander agieren oder sich gar nicht mehr in die Augen schauen! Ich mache mir manchmal einen Spaß daraus, in anonymen Situationen zumindest Augenkontakt herzustellen. Wenn ich in ein Wartezimmer beim Arzt komme, sage ich erst mal freundlich hallo in den Raum und gucke den Leuten dabei ins Gesicht. Wer sagt denn, dass es in Wartezimmern immer so griesgrämig zugehen muss?

Im Umgang mit Nichtbehinderten habe ich eine Regel entwickelt, die Regel der fünf goldenen Sekunden. Für mich ist es wichtig, innerhalb der ersten fünf Sekunden der Begegnung meinem Gegenüber Folgendes zu signalisieren: Du brauchst keine Angst vor mir zu haben, ich kann alles alleine, und du musst dich nicht anders als sonst zu verhalten.

»Was ist das für ein Typ, der hat nur ein Bein?« Diese Frage kann im ersten Moment Angst auslösen, und die muss ich meinem Gegenüber erst mal nehmen, damit ein normaler Austausch möglich ist. Es ist ja durchaus menschlich, dass man zuerst scannt, was für eine Person da auf einen zukommt.

In den ersten fünf Sekunden muss ich meinen Gesprächspartner davon überzeugen, dass er sich keine Gedanken zu machen braucht, denn ich bin ganz normal. Das hat bisher immer geklappt – es sei denn, genau in diesem heiklen Moment fällt mir eine Krücke um.

Entscheidend ist dabei, Augenkontakt zu halten, damit der Blick nicht auf mein Bein fällt. Werden die ersten fünf Sekunden durchgehalten, dann ist der Weg gebahnt für ein normales Gespräch, egal um welches Thema es auch immer geht.

Sind die Leute allerdings sofort von einem fehlenden Bein verunsichert, ist diese Chance dahin. Doch es gibt so viel mehr an mir als das fehlende Bein. Unbekannte können sich auch erst mal über andere Dinge wundern: Warum hat der Typ so verrückte Haare? Warum hat der ein Tattoo auf der linken Hand? Komisch, der hat ja Ohren wie Günther Jauch!

Selbstliebe und Selbstachtung – es wäre zu kurz gegriffen, würde man diese beiden Worte auf bestimmte Aspekte des Lebens beschränken, wie beispielsweise auf das eigene Aussehen. Vielmehr geht es um das gesamte Bild! Jeder Körper ist ein Phänomen und ist dementsprechend auf seine ganz besondere Art und Weise schön. Stell dir vor, alle wären gleich. Ist es nicht das Nicht-perfekt-Sein, das uns erst interessant macht? Blond oder dunkel oder grau, speckig oder dünn, Falten, Wurstfinger, Tattoos oder eben nur ein Bein. Wir sind mehr als nur eine Hülle und sollten das große Ganze an uns selbst lieben lernen. Ich verwette mein einziges Bein darauf, dass du (die oder der das jetzt liest) eine unglaublich gute beste Freundin bist, ein wunderbarer Partner oder eine ganz bezaubernde Tochter oder ein toller Sohn. Du bist einzigartig!
Ich liebe mein Leben, aber am meisten liebe ich es, nicht wie jeder andere zu sein.

Prothese II – einen Schritt weiter?

Eine Prothese zum Surfen muss folgende Eigenschaften haben: Sie muss natürlich wasserfest und auch widerstandsfähig gegenüber sehr salzhaltigem Meerwasser sein. Sie muss den Bewegungsanforderungen beim Surfen genügen, insbesondere muss man mit ihr auf dem Board knien können. Außerdem müssen die Gelenke unempfindlich gegenüber Sand sein, denn wo kein Sand – da keine Wellen!

Mein mittlerweile Lieblings-Orthopädietechniker Richard Becke war auf mich aufmerksam geworden und bot mir an, eine passende Prothese für mich zu bauen. Im Gegensatz zu vielen anderen hat Richard nicht gleich behauptet, dass ich in jedem Fall eine Prothese bräuchte und ohne nicht klarkommen würde. Er hat mich *gefragt*, ob ich mal eine ausprobieren möchte. Irgendeine Prothese brauchte ich ja nun mal gar nicht, aber eine, mit der ich surfen gehen konnte – das wäre schon super. Er war begeistert. Und ich war neugierig, denn bestimmt hatte sich in den letzten zweiundzwanzig Jahren auch die Prothesentechnik weiterentwickelt. So lange war es her, dass ich meine letzte Prothese getragen – oder eher nicht getragen – habe.

Ich bin recht gut dafür geeignet, eine neuartige Prothese auszuprobieren, weil ich jünger als die meisten Kunden der Orthopädietechnik bin und einigermaßen sportlich noch dazu. Wenn so ein Versuch klappt, ist das ziemlich cool. Wenn nicht, dann ist es eigentlich noch cooler, und zwar für den Techniker. Der kann dann von dem, was nicht gut funktioniert, lernen und etwas Besseres entwickeln.

Im Herbst 2016 gab es für mich die Möglichkeit, eine speziell für mich gebaute Prothese auszuprobieren. Es ist schon faszinierend, wie viel Arbeit und Fachwissen der Orthopädietechniker in diesen Prothesen stecken. Die ständige Forschung trägt natürlich auch dazu bei, dass die »Geräte« immer ausgefeilter werden.

Richard und ich waren ein gutes Team: Er hatte das technische Knowhow, und ich konnte ihm sagen, was genau ich brauchte, damit er auf meine Bedürfnisse hin die Prothese bauen konnte. Richards Verständnis von Bewegung, Anatomie und Gleichgewicht und sein leichter Hang zum Perfektionismus machten ihn zu einem idealen Sparringspartner. Er konnte mir genau zeigen, wie ich die Prothese schwingen muss, oder hat sofort gesehen, dass irgendwas nicht stimmte und ich vielleicht nicht hundertprozentig gerade stand.

Nach vielem Anprobieren und Tüfteln hatte Richard die Prothese nach knapp drei Wochen fertig, und ich konnte laufen üben. Um es ganz genau zu erklären: Es geht hier um eine Helixhüfte mit einem Genium-X3-Gelenk samt einer hydraulischen Schwung-Phasen-Dämpfung. Diese ganzen Fachbegriffe beeindruckten mich gar nicht, denn die Frage war ja, ob ich mit der Prothese zurechtkommen würde. Nach ungefähr einer Stunde war ich so weit, dass ich aus der Tür der Orthopädietechnik und über den Parkplatz gehen konnte. Na ja, was heißt gehen – es war eher ein ganz akzeptables Humpeln, was immer noch so anstrengend war, dass ich nach kurzer Zeit durchgeschwitzt war. Mit solchen Hightech-Prothesen – allerdings mit Metallfeder statt Fußimitat aus Kunststoff – laufen Sportler bei den Paralympics, und ich kam schon nach kurzer Zeit aus der Puste!

Die Prothese drückte in meinem Fall auf den Stumpf, und es gab anscheinend niemanden mit einer vergleichbaren Amputation, der eine Prothese wirklich den ganzen Tag ununterbrochen trägt. Daher fehlte in diesem Bereich die Erfahrung.

Die Technik, die an solch einer Prothese dranhängt, ist faszinierend. Vom Hersteller wurde eine Fernbedienung mitgeliefert, mit deren Hilfe man den Schwingungsradius der Hüfte programmieren konnte. Als Alternative zur Fernbedienung kann man auch via App mit dem Handy steuern. Wobei wir bei den Entwicklungschancen der Prothese wären. Ich würde dazu gerne zwei Vorschläge für das Genium X3.2 machen: Über einen integrierten MP3-Player würde ich mich sehr freuen. Cool wäre es außerdem, eine Verbindung zwischen diesem C-Leg und dem Handy über Bluetooth einzurichten. Einen Vibrationsalarm bei einer SMS oder einer WhatsApp-Nachricht in der Prothese fände ich überaus praktisch – »the next generation« der Prothesen. Doch Spaß beiseite. Letztendlich konnte auch diese Prothese mich aus verschiedenen Gründen nicht überzeugen.

Wieder war es auch mit dieser Prothese so, dass sie hinsichtlich der Schnelligkeit und Sicherheit nicht an meine ganz normalen Krücken herankam. Sie bereitete mir ein Déjà-vu: Sie behinderte mich mehr, als mir die Möglichkeiten, die sie mir hätte geben können, wie zum Beispiel beide Hände frei zu haben, etwas brachten – die fielen nicht ins Gewicht.

Außerdem war sie nicht wasserdicht, wenn ich also surfen gehen wollte, hätte ich dieses Hightech-Ding, dessen Kosten im sechsstelligen Bereich lagen, am Strand von Portugal oder Bali liegen lassen müssen.

Allein schon auf der Reise würde mich eine Prothese ausbremsen: Für den Security-Check am Flughafen müsste ich mindestens eine halbe Stunde mehr einplanen. Das ist mir einfach zu anstrengend, das passt nicht in mein Leben. Ich fühle mich auf Krücken wie ein ICE und mit einer Prothese wie eine Dampflok.

Am Ende musste ich Richard sagen, dass es nicht geklappt hat. Weder er noch die Technik konnten mich davon überzeugen, eine Prothese zu tragen.

»Okay, passt nicht. Passt nicht zu dir. Ist nicht dein Ding«, musste er schließlich etwas enttäuscht einräumen.

Dennoch bin ich sehr froh, diese Prothese ausprobiert zu haben, und fand es toll, mit Richard an diesem Projekt zu »arbeiten«, denn er hat mich in jeden einzelnen Schritt des Prozesses mit einbezogen. Genau das ist der Grund, der ihn zu meinem Lieblings-Orthopädietechniker macht!

Surfen – geht das?

Wenn ich etwas ausprobiere, und es funktioniert nicht, dann ist das für mich okay, denn ich habe es wenigstens versucht. Und häufiger als erwartet hat man Erfolg mit dem, was man sich vornimmt. Ich freue mich im Nachhinein häufig, dass ich einfach mutig war und ein Risiko eingegangen bin!

Das Problem besteht meiner Meinung nach darin, dass immer die anderen, die Mehrheit der sogenannten normalen Personen, bestimmen, was eine Behinderung ist und was man kann oder was eben nicht. Was ist denn eine Behinderung? Ist die Behinderung, dass mir ein Bein fehlt oder dass andere sich nicht vorstellen können, nur ein Bein zu haben? »Behinderung« benennt nur einen Zustand eines Menschen, egal als was man ihn bezeichnet. Sei es Behinderter, Mensch mit Behinderung oder gehandicapt. Wie die politisch korrekte Sprachregelung lautet, ist mir gleichgültig. Warum sollte man nicht auch »Spasti« oder »Krüppel« sagen dürfen, wenn es nicht böse gemeint ist? Ich sag es ja selbst manchmal im Spaß. Diese Bezeichnungen sagen nichts darüber aus, was eine Person kann oder nicht kann. Eine Behinderung ist nicht damit gleichzusetzen, etwas nicht zu können, oder gar mit Inkompetenz. Sie bedeutet absolut nicht, dass jemandem die Kompetenz etwas Bestimmtes zu tun, fehlt. Meine Behinderung fängt dort an, wo mein Gegenüber nicht mehr weiterdenken kann.

Es ist interessant, sich genauer anzuschauen, wie die Definition von Behinderung in der Gesellschaft oder für gesetzliche Regelungen zustande kommt. Was die Merkmale und den Grad der Behinderung in meinem Behindertenausweis betrifft, bin ich viel behinderter als einige Klienten, die ich tagsüber in den Werkstätten betreue. Also: Behinderung ist relativ, und es spricht absolut nichts dagegen, mit nur einem Bein zu surfen, zu bouldern, Eishockey oder Rollstuhltennis zu spielen. Man muss einfach damit anfangen und es ausprobieren.

Aus diesem Grund bin ich zusammen mit einer Freundin nach Bali gefahren. Sie fragte mich mal fast beiläufig während eines Fernsehabends: »Tom, ich geh surfen, hast du nicht Lust, das mal auszuprobieren?« Klar war ich dabei! Auf dem Land hatte ich einiges ausprobiert, warum dann nicht mal was auf dem Wasser?

Anfänglich habe ich mir einen Lehrer genommen, der mir natürlich nicht zeigen konnte, wie ich letztendlich mit einem Bein auf dem Board surfe. Aber er konnte mir als *rookie,* einem Anfänger, zeigen, wie die Wellen brechen, wo sie brechen und was eine gute Welle gewesen wäre. Ich brauchte auch niemanden, der mich auf den Indischen Ozean rausschiebt, sondern einen Profi, der mir erklärt, worauf ich bei den Wellen achten muss. Dann ging's los, und mit einem gemieteten Board habe ich es einfach ausprobiert. Ich bin mit dem Board raus aufs Meer, und wenn eine gute Welle kam, hielt ich mich an das, was mir zuvor erklärt wurde – flach aufs Brett legen. Und dank des Surflehrers habe ich erfahren: Wellenreiten geht auch mit einem Bein, es macht einen irren Spaß, man muss es einfach ausprobieren. (Für diejenigen, die es interessiert: Schaut auf meinem Vlog nach, da habe ich das Abenteuer dokumentiert.)

Nachdem ich ein paarmal draußen auf dem Wasser war, haben wir uns noch an den Strand gesetzt, und der Lehrer hat mir weitere Tipps gegeben, wie sich die Wellen unterscheiden, etwa, wie sie auf welchem Untergrund brechen. Eine große Welle sieht man schon, selbst wenn sie noch ganz weit draußen ist. Ich habe mich ein bisschen wie in *Findet Nemo* gefühlt. Nemo hat das Handicap seiner »Glücksflosse«, macht aber trotzdem alles mit.

Das Surfen hatte mir so gut gefallen, dass ich mir auf meiner nächsten Reise nach Bali ein eigenes Board habe anfertigen lassen. Am Anfang habe ich auf dem Brett gekniet, mittlerweile bin ich in der Hocke, damit ich mich besser in die Welle hineinlehnen kann. Der Boardbauer hat mir erklärt, wie genau so ein Board für mich gemacht sein muss, um mein Gewicht gut zu tragen. Da kommen dann extra Lagen ins Innere, und es ist nach hinten ein bisschen stabiler. Dieses Surfboard ist mit seinen zweieinhalb Metern sehr lang, und ich überlege, ob ich mir auf der nächsten Reise nicht ein neues machen lasse, das kleiner und schnittiger ist.

Wenn ich mir die Urlaubsfotos meiner Freunde so anschaue, denke ich oft: Keine zehn Pferde würden mich an diesen Ort bekommen – X-Sterne-all-inclusive-ganzen-Tag-am-Pool-hängen. Solche Urlaube sind nichts für mich, ich fahre lieber herum und suche mir meine eigene Unterkunft. Okay, hin und wieder lege auch ich mich gerne für einen Tag an den Strand, aber danach muss ich wieder aktiv werden.

Wie verbringst du am liebsten deinen Urlaub? Lieber totale Entspannung oder viel Action? Oder eine Mischung aus beidem?

Strong Viking

Knapp viertausend Teilnehmer waren am Start des Strong Viking Runs 2017 in der Nähe von Frankfurt. Dieser Run ist kein normaler Hindernislauf, bei der »Water Edition« geht es elf Kilometer durch Gräben, in denen das Wasser hüfthoch steht, man unter Stacheldraht durchrobben oder an Seilen Hürden überwinden muss. Also genau eine Herausforderung nach meinem Geschmack.

Ich wollte einfach noch ein bisschen mehr machen, als zu arbeiten und in die Kletterhalle zu gehen, Sport zu treiben und mit meiner Dogge Pepper Gassirunden zu drehen. Deshalb bin ich darauf gekommen, am Strong Viking Run teilzunehmen. Ich habe zwei Freunde gefragt, ob sie mitmachen würden, und sie waren dabei. Mit den beiden habe ich sowieso viel unternommen, und jetzt trainierten wir auch noch zusammen. Kurz vor dem Start haben wir angefangen, unser Training zu dokumentieren und auf YouTube hochzuladen. Ich habe schon immer viel gefilmt – unsere Bandauftritte und Urlaube, die ich ursprünglich nur für meine Eltern aufgenommen hatte. Mittlerweile filmte ich solche Unternehmungen. Ich finde es toll, die alten Filme anzugucken, die meine Eltern mit Videokamera gemacht haben, als ich noch klein war. Ebenso klasse ist es jetzt, Videos zu drehen, zu schneiden, mit Musik zu unterlegen und sie anderen zu zeigen.

Kürzlich habe ich einen Film gesehen. Eine Szene hat mir lange zu denken gegeben: Ein Mann schaut selbstgedrehte Familienfilme von früher an. Sichtlich geht es ihm sehr nah. Er fragt sich: »Wusste ich damals eigentlich, dass ich glücklich bin?«

Warum wird uns immer erst im Nachhinein bewusst, wie glücklich wir waren? Warum ist es so schwer, die Gegenwart, in der etwas geschieht, als glücklichen Moment zu erkennen und wertzuschätzen? Warum merken wir nicht, wenn wir glücklich sind? Vielleicht ist ein Teil der Antwort darauf, dass wir glauben, dass Glücklichsein ein Zustand ist, in dem alles perfekt sein muss. Darum machen wir unser Glück oft von Bedingungen abhängig. »Wenn ich erst den anderen Job habe, dann ist alles gut«, denken wir, oder: »Wenn ich fünf Kilo abgenommen habe, dann bin ich glücklich.« Meine Erfahrung: Glück ist nichts, was einem zufliegt, Glück ist eine Entscheidung, und ich kann diese Entscheidung in jedem einzelnen Moment treffen.

Dinge, die mich im Hier und Jetzt glücklich machen: meine Familie, Käsekuchen, Umarmungen, früh aufstehen, der Duft frisch gewaschener Wäsche, 1980er-Jahre-Musik, Berge, Kindheitserinnerungen. Was macht dich glücklich?

In jener Zeit habe ich einmal in der Woche auf YouTube einen Film hochgeladen. Die Veranstalter von Strong Viking bat ich im Vorfeld um ihre Erlaubnis, den Hürdenlauf filmen zu dürfen. Die waren von der Idee dann so begeistert, dass außerdem noch Presse und Fernsehteams hinzukamen. Vor dem Start wurde ich auf die Bühne gebeten, um etwas zu sagen. Das hat mich völlig überrascht – von irgendeiner Professionalität weit entfernt, habe ich aber anscheinend die richtigen Worte gefunden.

Danach sind wir mit den anderen viertausend Leuten zu dem Run angetreten, was sehr viel Spaß gemacht hat. Beim Laufen dachte ich mir: »Ich mache, was ich nicht kann!« Und allein dieser Gedanke hat mich zum Lächeln gebracht. Während mein Freund und ich mitgelaufen sind, hat der andere gefilmt. Am Ende ist das Video recht cool geworden. Leider musste der Run wegen eines Gewitters kurz vor Schluss abgebrochen werden, aber ich war da und habe es als erster Einbeiniger (zumindest in Deutschland – in den Niederlanden war es Michael Roberts schon vor mir gelungen) geschafft!

Da der Strong Viking 2017 so gut lief, habe ich ein Jahr später auch noch am StrongmanRun von Fisherman's Friend am Nürburgring und in Köln teilgenommen.

Weil ich mit dem Strong Viking auch gern dem Verein »Hilfe für krebskranke Kinder Frankfurt« meinen Dank sagen wollte, habe ich zu Spenden aufgerufen. Mir war klargeworden, wie stark mein Impact ist, und warum sollte ich ihn nicht für einen guten Zweck nutzen?

Ich habe die ersten fünfhundert Euro gespendet, und innerhalb von acht Wochen wuchs die Summe auf fünftausend Euro an. Ich freue mich immer darüber, wie stark meine Community in den sozialen Medien auch diese Sachen unterstützt. Und wenn dann auch noch die Presse auf solche Spendenaktionen aufmerksam wird – umso besser für alle.

Knöllchen

Als ich noch in Offenbach wohnte, hatte ich einen großen Wunsch: So gern hätte ich den damaligen Oberbürgermeister mal zu einem Kaffee eingeladen. Ganz verkehrt konnte er ja nicht sein, hatte er doch seinen Zivildienst bei den Behindertenwerkstätten der Arbeiterwohlfahrt in Offenbach gemacht. Bei einem netten Plausch bei einem Caffè Latte hätte ich eine Sache ansprechen wollen, die so gar nicht lief in Offenbach: Der Magistrat hatte es nicht im Griff, Tickets für Falschparker ausstellen bzw. in meinem Fall *nicht* ausstellen zu lassen. Darüber hätte ich gern mal mit dem Herrn gesprochen.

»Sagen Sie mal, wie ist denn das eigentlich so organisiert bei Ihnen? Da gibt es doch noch Optimierungspotenzial?«

Als Mensch mit Gehbehinderung hat man ein Recht auf einen Behindertenparkplatz, der beim Ordnungsamt beantragt wird. So weit, so gut. Ein individualisierter Parkplatz in unmittelbarer Nähe zur Wohnung ist natürlich super, vor allem in der Stadt. Einfach den Behindertenparkausweis gut sichtbar auf das Armaturenbrett platziert und fertig, so sollte es keine Probleme geben.

Gab es aber doch. Und zwar immer wieder. Ständig habe ich Bußgeldbescheide wegen unrechtmäßigen Blockierens eines Behindertenparkplatzes bekommen. Man sollte meinen, so schwer kann es nicht sein, einen Blick auf die Windschutzscheibe zu werfen, um zu schauen, ob jemand einen Behindertenparkausweis hat oder nicht. Aber anscheinend gab es da ein Problem. Lag es an der Farbe meines Autos oder an den supersuspekt verdunkelten hinteren Scheiben? Jedenfalls war es so, dass ich zahllose Knöllchen kassiert habe, was ja ein- oder zweimal passieren kann, aber irgendwann sollte damit mal gut sein. Was richtig lästig war: Gegen einen Bußgeldbescheid muss man Einspruch erheben, das bedeutet Papierkram, Telefonate, und am Ende muss ich beweisen, dass ich das Recht habe, auf *meinem* Parkplatz zu stehen. Das kostet einfach viel Zeit und nervt.

Aber die offiziellen Ordnungshüter oder Vertreter des Parkplatzmanagements sind nur eine Seite der Medaille, die andere bilden die Damen und Herren, gern in gesetztem Alter, die es sich zur Aufgabe machen, auf Behindertenparkplätzen für Recht und Ordnung zu sorgen. Mehr als einmal ist es mir passiert, dass, kaum habe ich das Licht ausgemacht und den Zündschlüssel abgezogen, schon jemand parat stand, der mir entweder erbost und lautstark eine Standpauke hielt (»Sie wissen aber schon, dass das hier ein Behindertenparkplatz ist?«) oder sein Handy zückte, um meinen Wagen samt Kennzeichen zu dokumentieren.

Denn eines ist ja mal klar, ein schwarzer Wagen mit einem Typen mit wilder Frisur darin, das kann ja nur ein Ignorant sein, der es sich frecherweise erlaubt, auf einem Parkplatz zu stehen, der für Hilfsbedürftige reserviert ist.

Ziemlich wütend werde ich allerdings, wenn ich mit einigen meiner Klienten im Werkstättenbus unterwegs bin, und so ein älterer Passant anfängt zu lamentieren. Manchmal denke ich nicht dran, den Parkausweis vorne reinzulegen, einfach weil es mir wichtiger ist, dass es hinten meiner Crew gutgeht. Wenn mich dann aber einer anschnauzt, dass ich auf einem Behindertenparkplatz stehe, und er doch sehen kann, dass hinten meine Leute im Rollstuhl sitzen, und der Typ dann auch anfängt zu diskutieren, dann werde ich giftig. Ein einziger Blick in den Gastraum würde solchen Leuten erklären, dass ich einen verdammt guten Grund habe, auf exakt diesem Parkplatz zu stehen.

Ständig zurechtgewiesen zu werden ist so ein deutsches Phänomen, das habe ich sonst noch nirgendwo erlebt. In manchen Fällen kann ich dann leider nicht an mich halten und wettere gegen die Sich-ständig-Aufreger an, die vermeintlich nur »das Richtige und Gute« wollen, die sich in ihrer Ignoranz und ihrem Besserwissertum aber nicht die eine Minute Zeit nehmen, genau zu gucken, was da los ist. Toleranz heißt manchmal einfach nur: einmal durchatmen und kurz genauer schauen, was sich hinter der vermeintlich offensichtlichen Situation verbirgt.

Warum hat der Mann nur ein Bein?

Manchmal bemerke ich, dass mich Kinder mit aufgerissenen Augen anstarren oder mit dem ausgestreckten Finger auf mich zeigen. Wenn sie dann mutig genug sind, sprechen sie mich ungeniert an. Oft denken sich die Eltern dann schnell irgendwas aus, um der Situation zu entkommen, die ihnen ziemlich offensichtlich unangenehm ist – zum Beispiel, dass ich einen Autounfall gehabt hätte, aber das passiert nicht häufig. Bei der folgenden Situation hat sich der Vater ganz passabel geschlagen:

Ich warte in einem Supermarkt an der Kasse. Ein kleines Mädchen fragt ihren Vater ganz aufgeregt:

»Papa, warum hat der Mann nur ein Bein?«

Ich reagiere erst mal gar nicht und tu so, als hätte ich nichts gehört. Mal gucken, wie der Typ mit der Frage umgeht.

»Du, das weiß ich auch nicht. Da musst du den Mann vielleicht selbst mal fragen.«

Das Mädchen zupft mir hinten an der Jacke:

»Entschuldigung, warum haben Sie denn nur ein Bein?«

»Du, erst mal darfst du mich duzen, ich bin der Tom. Und dass ich nur ein Bein habe, hat verschiedene Gründe: Ich habe früher zu viel geraucht, Alkohol getrunken und nie mein Zimmer aufgeräumt.«

»Hm. Okay.«

Das Mädchen dreht sich wieder um. Dann nimmt der Vater den Warentrenner zwischen meinem Einkauf und seinem fort.

»He, ich zahl dir das!«

Das habe ich dann mal so stehenlassen. Natürlich kann man sich streiten, ob meine Antwort wirklich in Ordnung war. Aber warum sollte ich meine Behinderung nicht zu etwas nutzen, was dem Kind weiterhilft? Rauchen und trinken ist eben schädlich. Und regelmäßig das Zimmer aufzuräumen erspart einem Stress mit den Eltern.

In der Regel erkläre ich fragenden Kindern immer ganz offen, was mit meinem Bein los ist, wenn sie es wissen wollen. Sie stellen dabei manchmal Fragen wie: »Wo ist denn das Bein jetzt?« »Was wird denn mit solch einem Bein gemacht?« Nicht nur Kinder sollen ihre Fragen stellen, alle sollen fragen! Wenn man mit einer Situation umgehen will, muss man sie akzeptieren. Oder?

Einige Erwachsene fragen unbedarft, andere nicht. Einmal hat eine Frau im Bus unfassbar lange zu mir herübergeschielt, aber nichts gesagt. Irgendwann wurde es mir zu bunt, ich habe mich auf den Sitz neben sie gesetzt, höflich, aber dennoch direkt gefragt, ob ich ihr eine Frage beantworten könne. Ihr war es höchst unangenehm. Für mich jedoch war es mindestens ebenso schlimm, über Minuten angestarrt zu werden.

Erwachsene benehmen sich manchmal peinlich, und sie haben Fragen, die sie sich oft nicht trauen zu stellen. Ebenso wie Kinder, die im Gegensatz zu den Großen die sogenannten peinlichen Fragen einfach raushauen. Dazu gehört zum Beispiel auch: »Wenn du Schuhe kaufst, kaufst du dann zwei? Oder nur einen? Und was machst du dann mit dem zweiten?«

Ich habe mir kürzlich im Laden ein Paar Sneakers angesehen, die im Preis heruntergesetzt waren. Weil sie mir gefielen und der rechte passte, bot ich dem Verkäufer an, den linken dort zu lassen. »Wenn ihr wollt, lasse ich euch den linken hier, den könnt ihr dann ja als Ausstellungsstück verwenden. Ich brauche ihn nicht.«

Er guckte ein bisschen irritiert, wollte den linken Schuh aber nicht haben, also bat ich ihn, den mit einzupacken. Der Filialleiter hatte das wohl mitbekommen und stand plötzlich vor mir und sagte: »Nettes Angebot von dir. Wir brauchen den linken auch nicht, aber ich gebe dir noch einen Rabatt obendrauf.«

Das war natürlich sehr freundlich.

Mit der Zeit habe ich eine ordentliche Sammlung von linken Schuhen bei meinen Eltern im Keller untergebracht – ich hatte einfach keinen Platz mehr dafür. Die zwei Umzugskartons stehen in einer Ecke, was schade um die ungetragenen Schuhe ist. Hier bieteten Social Media eine Lösung für dieses Problem. »Ein Bein, ein Schuh« heißt eine Facebook-Gruppe, in der einbeinige Menschen ihre Schuhe tauschen. Das ist eine super Sache, nur treffen die dort angebotenen Schuhe nicht unbedingt meinen Geschmack. Außerdem bekam ich über diese Gruppe unangenehme Nachrichten von reichlich merkwürdigen Leuten. Mir ist es vollkommen egal, was jeder in seinem stillen Kämmerlein macht, aber mit Fetisch-Freaks mag ich persönlich nichts zu tun haben.

Durch einen großen Zufall habe ich kurz darauf Nikolaus aus München kennengelernt, mit dem ich jetzt meine Sportschuhe und Sneakers tausche. In München stand ein Vortrag an, zu dem ich eingeladen war, und er hatte mich schon vorher angemailt. Nikolaus hat die gleiche Amputation wie ich, nur rechts. Nach der Veranstaltung sprach er mich an. Dann habe ich mit diesem sympathischen Typen ein bisschen geplaudert, und blitzartig stellten wir einige Parallelen fest: Wie ich bouldert er, macht viel Sport, und wir haben dieselbe Schuhgröße. Phantastisch! Seitdem schicken wir uns jeweils den anderen Schuh zu, mein Schuh-Buddy und ich.

Do what you can't

»Kann der Flügelschlag eines Schmetterlings in Brasilien einen Tornado in Texas auslösen?« – Diese Frage stammt von dem Mathematiker Edward N. Lorenz. Er beschäftigte sich mit der Unvorhersehbarkeit langfristiger Auswirkungen von Vorfällen und begründete damit die Chaostheorie.

Ein im Verhältnis kleines Ereignis, das 2017 auf einem Rewe-Parkplatz stattfand, hatte ziemlich große Auswirkungen auf mein Leben. Deshalb möchte ich es hier mit Lorenz' Schmetterlingseffekt vergleichen. Chaotisch waren die Folgen meiner Begegnung auf dem Parkplatz zwar nicht, aber sie stießen etwas an, was größer war als ich und letztendlich auch zu diesem Buch geführt hat.

»Hallo, Sie dürfen hier aber nicht parken. Das ist ein Behindertenparkplatz!«, schallte es wie aus dem Nichts in meine Richtung.

Ich war gerade von der Arbeit gekommen und wollte noch kurz ein Sixpack Cola kaufen, bevor ich weiter zu meinen Eltern fuhr. Eine Sache von nicht mehr als zehn Minuten, eigentlich.

Wie gewöhnlich stellte ich den Wagen auf dem Behindertenparkplatz vor dem Lebensmittelladen ab, nahm mir meinen Rucksack vom Beifahrersitz, zog den Zündschlüssel ab und stieg aus. Und alles hätte seinen Gang genommen, wenn sich da nicht vor meinem Wagen wieder einer postiert hätte.

Der Typ nestelte an seiner Tasche rum, wahrscheinlich, um gleich mit seinem Handy ein Beweisfoto machen zu können.

Da er so beschäftigt war, konnte er *mein* Beweismittel ja nicht sehen.

Das Rauschen in meinen Ohren wurde lauter und am Rand meines Gesichtsfeldes verschwammen die Farben. Mir war heiß. Der Mensch hatte nun mittlerweile auch sein Handy aus der Tasche gefischt.

Ich schloss die Tür ab und stellte mich gerade hin.

»So, dann können wir ja mal!« Ich schaute ihm direkt ins Gesicht, und endlich fiel dem Mann auf, dass mir ein Bein fehlt.

Boah, das reichte jetzt! Es reichte total, der Typ brachte das Fass endgültig zum Überlaufen! So häufig schon lamentierte jemand rum, dass ich hier nicht parken dürfte, jenes nicht dürfte und das Dritte nicht konnte. Wie viele Male würden mir Leute noch ungefragt und ungebeten eine Tür aufhalten oder mich anstarren? Würde der Heini mir gleich auch noch empfehlen, es mal mit einer Prothese zu versuchen?

In diesem Moment gab es in meinem Gehirn eine Kurzschlussreaktion, und dieser eine Gedanke entstand: Ich muss irgendetwas machen, das so große Aufmerksamkeit auf sich zieht, dass ich allen – *ALLEN* – zeigen kann, was man mit nur einem Bein hinbekommt. Etwas, das die Macht hat, solch ein Lauffeuer hervorzurufen, dass ich nie wieder blöd angemacht werde, wenn ich auf einem Behindertenparkplatz stehe.

Eigentlich hatte die Idee nichts mit diesem einen Typen zu tun, der war ehrlich gesagt total egal.

Ich habe ihn absolut verduzt stehen lassen, bin zum Eingang, durch die Automatiktüren gerauscht, habe mir wütend die Getränkeflaschen gegriffen, bin an die Kasse marschiert, um zu bezahlen, und stampfte wieder zurück zum Wagen. Der Typ war Gott sei Dank verschwunden.

Vermutlich haben meine Eltern gleich gemerkt, dass was nicht stimmte, als ich bei ihnen zur Tür hereinkam. Am Abendbrottisch platzte ich dann damit heraus.

»Ich steig auf den Kilimandscharo.«

Mein Vater machte große Augen, sagte aber nichts. So richtig verwundert waren die beiden anscheinend nicht. Dann sprang meine Mutter auf und kam kurz darauf mit einer wattierten Jacke zurück. »Die ist super, die habe ich schon so lange und trage sie immer noch. Frag doch mal die Firma, ob die dich ausstatten.« Das war Mammut, und der Ausrüster sollte später nicht nur meine Klamotten übernehmen, sondern auch den ganzen Trip und das Filmteam finanzieren, indem er mich zum Markenbotschafter machte.

Nach dem Essen fuhr ich nach Hause und textete meinen Kumpels Nils und Martin: »Ich hab 'ne Idee für ein Projekt: Ich will auf den Kilimandscharo. Habt ihr Bock?«

Einige Tage später waren wir zusammen essen, und die Idee konkretisierte sich. Beide waren direkt Feuer und Flamme.

Von den meisten allerdings wurde ich anfangs nur belächelt. »Das schafft er doch gar nicht«, schlug es mir ständig von allen Seiten entgegen, von Arbeitskollegen, von Freunden und Exfreundinnen, egal was ich mir vornahm. Möglicherweise lag es daran, dass ich von so vielen negative Kommentare bekam, da ich plötzlich in den Medien auftauchte oder meinen eigenen YouTube-Channel hatte. Ich kannte all ihre Bedenken: Wie willst du das schaffen? Was ist mit deinen Krücken? Wie willst du auf über fünftausend Metern Höhe klarkommen?

Aber ich hatte eine Mission: Ich wollte es all den Bedenkenträgern und Prothesenbefürwortern, den Parkplatzverteidigern und Türaufhaltern, den Besserwissern und Ignoranten, den ganzen Lisas, Michas und Svens und allen anderen zeigen, vor allem aber wollte ich mein achtjähriges Ich zum Staunen bringen. Den gesunden achtjährigen Jungen, der sich für alles Neue begeisterte und für wilde Tiere, der Chips essend auf dem Sofa neben seinem Vater saß, Afrika-Dokus schaute und staunte. Genau dieses Staunen war mein größter Ansporn. Nicht nur für mich wollte ich etwas Ungewöhnliches schaffen, sondern auch für all die anderen Menschen auf der Welt, denen ständig nichts als Bedenken entgegenschlagen. Denen gesagt wird: Das schaffst du nicht. Das kannst du nicht. Bis es ihnen so lange gepredigt wurde, dass sie es selbst glauben. Ihnen allen wollte ich zeigen, dass sie – genau wie ich – so viel mehr können, als sie wissen und sich zutrauen. Das Problem war bloß: Noch nie hatte jemand mit einem Bein den Kilimandscharo bestiegen. Mit wem hätte ich mich austauschen können? Es blieb mir nichts anderes übrig, als meine Mission mit großem Optimismus anzutreten.

Ich hatte mir eine Herausforderung gestellt, von der ich überhaupt nicht wusste, ob ich sie bewältigen könnte. Alles davor war doch nur Spaß. Ich wollte etwas machen, womit ich meinem »kleinen« Ich, dem achtjährigen Tom, zeigen konnte: »Schau her, der hat zwar nur ein Bein, aber er kann alles schaffen. Und er lässt sich von niemandem einreden, dass sich seine Träume nicht erfüllen lassen.«

Im Nachhinein habe ich mich gefragt, was ich dem kleinen Tommy gerne mitgegeben hätte. Denn mir haben die Leute immer und immer wieder gesagt: Dieses und jenes schaffst du nicht. Du brauchst eine Prothese. Was willst du denn ohne Hände machen, die brauchst du doch für die Krücken?

Es stimmte nicht, was mir die Leute damals erzählten. Es waren Unwahrheiten auf der Basis von Unwissenheit. Es waren »Zweibeiner«, die mir als »Einbeiner« sagten, was ich mit meinem Leben anfangen konnte und was nicht. Darunter waren Medizinerinnen, Prothesenbauer und auch meine Eltern, die es natürlich nur gut mit mir meinten. Mittlerweile weiß ich sehr genau, wie unsinnig all diese wohlgemeinten Ratschläge waren, aber als kleiner Junge und auch noch als junger Mann wusste ich das noch nicht und nahm mir vieles davon zu Herzen.

Ich war ziemlich allein mit meiner Behinderung. Ich kannte niemanden, mit dem ich mich hätte austauschen können – es gab niemanden, dem wie mir ein Gliedmaß fehlte. Es wäre sicher gut gewesen, mit jemandem zu sprechen, der sich in einer ähnlichen Situation wie ich befand, der vor ähnlichen Herausforderungen stand und ähnliche Fragen hatte. Vielleicht ist es mir genau deshalb so wichtig, anderen Menschen mit Behinderung als Gesprächspartner zur Verfügung zu stehen. Auch wenn ich keinen solchen Wegbegleiter hatte, gab es in mir immer eine Stimme, die mir sagte, dass ich mich nicht aufhalten lassen sollte: »Tommy, glaub denen kein Wort, du kannst so viel mehr, als die ahnen!« Ich finde es immer wieder erstaunlich, was aus meinen Erfahrungen bisher resultiert ist, wie weit sie mich gebracht haben. Dass ich auf den Kilimandscharo gestiegen bin, das kommt mir manchmal selbst unwirklich vor.

Seit meinem Aufstieg ist es allerdings nicht so, dass bei meinen Vorträgen alle Behinderten im Raum jubeln. Wie gesagt, ich bin ja nicht der Jesus der Behinderten, sondern es sind häufig die anderen Menschen, die auf mich zukommen, um sich zu bedanken. Es war überhaupt nicht meine Intention, für irgendwen ein Vorbild zu sein, ich wollte es mir nur selbst beweisen, dass ich es schaffe. Ich bin sehr überrascht, was aus diesem Marsch entstanden ist – es ist erstaunlich und wunderschön, und ich bin sehr dankbar dafür, was sich daraus ergeben hat. Kann ich Leuten klarmachen, dass wir mehr sind als das, was andere sehen, dann freut mich das wirklich.

Wenn ich bei einem Vortrag von der Besteigung des Kilimandscharos erzähle oder bei einer Filmvorführung dabei bin, komme ich eigentlich immer mit den Gästen ins Gespräch. Letztens kam eine Zuhörerin nach der Veranstaltung auf mich zu: »Mein Bruder ist auch behindert.«

»Was hat er denn?«, wollte ich von ihr wissen.

»Er ist querschnittsgelähmt und sitzt im Rollstuhl.«

»Und sonst?«

»Was und sonst?« Sie sah mich verständnislos an.

»Erzähl mir doch mehr davon, was er sonst noch macht. Nicht, was er ist oder was er nicht kann. Er ist doch bestimmt mehr als nur ein Behinderter im Rollstuhl – er ist doch dein Bruder, du verbindest doch bestimmt mehr mit ihm?«

Meine Message lautet dann immer: Eine Behinderung kann auch eine *Möglichkeit* sein, wenn man sie akzeptiert. Es gibt so viele Menschen, die sich selbst nicht akzeptieren, die sich nach etwas richten, was man »Internet« oder »Schönheitsideal« nennt, oder die etwas hinterherrennen, was sie noch nie in Frage gestellt haben. Wichtig ist doch, welche Wünsche man persönlich hat, welche Ziele man sich selbst setzt.

Dabei ist es vollkommen egal, ob es Bergsteigen oder Surfen ist oder beim Strong Viking Run teilzunehmen – jeder kann das! Ich möchte die Leute ganz simpel an Folgendes erinnern – ohne sie zu bevormunden: Wenn ich das kann, dann kannst du es auch. Du musst es nur wollen. Und wenn man etwas nicht will, dann ist das auch vollkommen okay. Es muss erst ein Einbeiniger auf den Kilimandscharo steigen, um die Leute daran zu erinnern, dass das Leben dazu da ist, gelebt zu werden.

Die Freundschaft mit Klaus

Ich hatte diese fixe Idee in meinem Kopf, und ich ging daran, sie umzusetzen. Weitere Freunde mussten überzeugt werden, meinen Plan gemeinsam mit mir durchzuziehen. Ich suchte nach Unterstützern, die mir die Finanzierung der Reise ermöglichten – glücklicherweise stieß ich bei Mammut auf Begeisterung. Die Kooperation mit dem Filmteam musste organisiert werden. Meinem Freund Nils erklärte ich, warum er als Fotograf unbedingt mitkommen musste. Und schließlich war ich selbst an der Reihe – mit hartem Training galt es, mich körperlich für den Aufstieg fit zu machen.

Klar beschäftigte mich auch die Frage danach, was wäre, wenn es nicht klappt und ich scheitere. Aber ich wollte es einfach ausprobieren und ließ mich nicht von meiner Idee abbringen. Ich hatte natürlich keine Ahnung, ob es mir gelingen würde. Falls nicht – tja, dann würde ich als ziemliches Großmaul dastehen und den Zweiflern Futter für neue Häme geben. Aber dann wäre es Scheitern auf verdammt hohem Niveau – im doppelten Sinne. Lieber beim Versuch scheitern, einen Traum auf 5895 Meter umzusetzen, als auf 127 Meter Höhe, wo Rodgau beispielsweise liegt, ohne den Versuch gemacht zu haben. Auf meine Freunde zählte ich bei der ganzen Sache zu einhundert Prozent – ohne ihre Unterstützung hätte ich es mich vielleicht doch nicht getraut.

Die Frage ist ja immer, wo fangen Freundschaften an und wo hören sie auf? Kannst du nur mit jemandem befreundet sein, der in deinem Alter ist, den gleichen Job hat? Oder der deine verrückten Ideen unterstützt?

Für mich beinhaltet eine Freundschaft viel mehr, als ungefähr dasselbe Alter zu haben oder dieselbe Musikrichtung zu mögen. Und Freundschaft heißt für mich nicht, dass man ständig engen Kontakt halten muss, manchmal gibt es längere Pausen, die aber der gegenseitigen Wertschätzung keinen Abbruch tun.

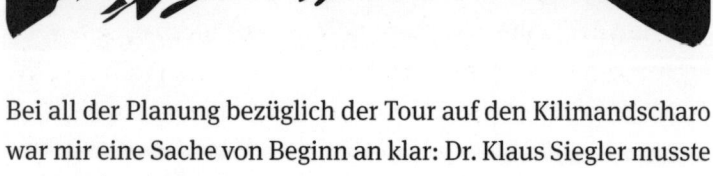

Bei all der Planung bezüglich der Tour auf den Kilimandscharo war mir eine Sache von Beginn an klar: Dr. Klaus Siegler musste mit mir da raufsteigen! Klaus musste mit, weil er mein ältester und einer meiner besten Freunde ist. Und weil er mir 1996 das Leben gerettet hat.

Was ich so an ihm schätze, ist seine bedachte und superehrliche Art. Und was die gnadenlose Ehrlichkeit angeht, sind wir uns sehr ähnlich. Außerdem analysiert er superscharf, das ist manchmal erschreckend. Und ich höre ihm immer gerne zu. Ich glaube, es ist sehr ungewöhnlich, dass trotz des Altersunterschieds von über dreißig Jahren eine Freundschaft, zumal zwischen Arzt und ehemaligem Patienten, besteht. Und dass man dann noch gemeinsam den höchsten Berg Afrikas besteigt.

Nach der Amputation und als ich wieder gesund war, hatte ich beschlossen, nie wieder in die Klinik zurückzukehren. Die

Einladungen zum jährlichen Sommerfest der Kinderkrebsstation haben mich nicht interessiert, bis auf einen einzigen »Ausrutscher«, als ich beim Fest in einer Band mit anderen Kindern Schlagzeug gespielt habe. Aber sonst habe ich einen großen Bogen um die Klinik gemacht und daher Klaus auch viele Jahre nicht gesehen. Während meines Praktikums haben wir uns wiedergetroffen, danach haben wir uns hin und wieder gemailt und locker Kontakt gehalten.

Irgendwann lud Klaus mich ein, auf die 32-4 zu kommen, um mit einem seiner Patienten zu sprechen, der ebenfalls unter einem Osteosarkom litt. Aus seiner Idee, mich mit Betroffenen zusammenzubringen, hat sich im Anschluss eine Zusammenarbeit entwickelt, die bis heute andauert.

Zwischendurch haben wir uns also immer mal gesehen, bis ich 2015 zu seiner Verabschiedung eingeladen wurde, weil Klaus pensioniert wurde. Jeder, der ihm nahestand, bekam zu dem Anlass einen Zettel mit einem Begriff und sollte dazu passend einige Sätze sagen. Ich hatte »Vertrauen« gezogen. Das passte ja hervorragend, denn Vertrauen hatte ich zu ihm von der ersten Begegnung an. Ich improvisierte also drauflos, wie viel er mir bedeute und was das mit Vertrauen zu tun habe, als Klaus plötzlich anfing zu weinen. Ich war total verdattert, denn ich wusste gar nicht, dass das, was ich gesagt hatte, ihm so wichtig war und naheging.

Von da an haben wir uns häufiger getroffen oder telefoniert, sofern es sich mit seiner Arbeit einrichten ließ, denn Ruhestand hieß bei Klaus nicht, nichts zu machen. Nach kurzer Pause hat er gleich den nächsten Job in einem Rehazentrum angenommen. Weil er so aktiv ist, hoffte ich bei ihm auf offene Ohren gegenüber meinem Vorschlag. Ich fiel gleich mit der Tür ins Haus: »Klaus, ich will den Kilimandscharo besteigen. Kommst du mit? Ich möchte das mit dir machen.«

Die Idee fand er phantastisch, doch er zögerte. Wie sollte das mit seinem beruflichen Engagement gehen und mit seiner körperlichen Konstitution? Außerdem hätte seine Frau wohl auch noch ein Wörtchen mitzureden.

Schließlich stimmte er zu, allerdings unter einer Bedingung: Der Physiotherapeut Günther Herrmann sollte uns begleiten, um sicherzustellen, dass Klaus trotz Gelenkproblemen den Aufstieg schaffen konnte.

Das ist etwas, was mich an Klaus fasziniert: Auch im Alter stellt er sich weiterhin neuen Herausforderungen und will immer noch etwas lernen.

Bei der Besteigung wollte ich ihn dabei haben, weil ich das Bedürfnis hatte, ihm etwas zurückzugeben. Mit neun Jahren hat er mir das Leben gerettet, dafür gibt es keine adäquate Art des Dankes. Aber es gab etwas, womit ich mich bei ihm revanchieren konnte: mit Zeit. Wir konnten Zeit miteinander verbringen, wenn es auch kein Vergleich dazu sein würde, mit welcher Aufmerksamkeit, Sorge, medizinischem Knowhow und Liebe er mir Zeit gewidmet hatte, als ich krank war.

Dem Duden nach ist Freundschaft ein Verhältnis von Menschen, das auf gegenseitiger Zuneigung beruht und das sich durch Sympathie und Vertrauen auszeichnet. Mir fehlt aber etwas an dieser Definition, denn Sympathie kann ich auch zu Menschen aufbauen, die nicht meine Freunde sind. Mein Freundeskreis ist wirklich sehr, sehr klein, aber genau darum zählen Freunde für mich. Sie haben eine ähnlich große Bedeutung für mich wie Familie. Einer der wichtigsten Aspekte besteht für mich darin, dass Freundschaft immer auf dem Wunsch beider Seiten basiert, gemeinsam Zeit zu verbringen. Frei von Zwängen, Erwartungen und Druck. Freunde sollten darüber hinaus unbedingt ehrlich zueinander sein. Nur wenn meine Freunde ehrlich zu mir sind, habe ich die Chance, mein Handeln und Denken zu reflektieren und an mir zu arbeiten. Diese Ehrlichkeit, auch wenn sie manchmal unangenehm ist, hat nichts mit schlecht machen zu tun. Denn sie erfolgt auf respektvolle Weise und zeigt lediglich, dass du demjenigen wichtig bist. Sonst würde er dir die Wahrheit nicht sagen.

»Ich mag dich nicht deshalb, weil du bist, wer du bist, sondern dafür, wer ich bin, wenn wir zusammen sind.« (Gabriel García Márquez)

Was bedeutet Freundschaft für dich?

V AUFSTEIGEN

Bereit für neue Abenteuer

Training

Bevor wir auf den Kilimandscharo gestiegen sind, war ich exakt einmal auf einem richtigen Berg, und zwar kurz bevor es auf nach Tansania ging. Aufgrund der Teilnahme am Strongman-Run im Frühjahr 2018 war ich ganz gut in Form. Aber es ist die eine Sache, zwanzig Meter durch ein Schlammloch zu robben – in einigen tausend Metern über Felsen zu steigen ist wiederum etwas ganz anderes.

Zweimal die Woche bin ich ins Fitnessstudio gegangen und habe meine Schultern und Arme traktiert, um mehr Kraft zu bekommen. Fürs Ausdauertraining bin ich auf so ein Fahrrad gestiegen und joggen gegangen. Morgens um vier Uhr bin ich aufgestanden, um zu laufen. Dabei ging es mir nicht um das Laufen selbst, sondern darum, etwas zu tun, was ich sonst nicht mache.

Im Gegensatz zu Klaus brauchte ich ein Höhentraining, denn er hatte schon Erfahrungen beim Bergsteigen in Nepal gesammelt. Zu Hause trainierten Klaus und ich in der Nachsorgeklinik Tannenheim, da das Rehazentrum über wahnsinnig gute Anlagen verfügt. Aber irgendwann mussten wir mal raus ins Gelände und in die Höhe steigen. Zwei Wochen vor Abflug nach Afrika sind Klaus und ich in die Schweiz gefahren, um das 3610 Meter hohe Äussere Barrhorn zu besteigen. Gemeinsam mit einem Bergführer, Klaus und seinem Physiotherapeuten Günther ging es bei super Sonnenwetter los. Nach Abschnitten, in denen es tierisch regnete, bezwang ich den höchsten Trekkingberg der Alpen. Trotz des mäßigen Wetters war der Blick schon wahnsinnig.

Ich freute mich total darauf, in ein paar Wochen den Kilimandscharo zu besteigen, aber die Frage war natürlich: Würde ich in der Lage sein, den Berg zu bezwingen?

Für mich heißt frei sein: meinen Traum zu leben, etwas zu tun, was ich gerne mache und was ich als sinnvoll erachte. Ich habe nicht den Anspruch, dass mir andere Leute etwas nachmachen oder die Dinge genauso sehen wie ich. Meine Freiheit hört da auf, wo die Freiheit meiner Mitmenschen anfängt. Darum muss es auch nur für mich stimmen. Für mich macht es dennoch Sinn, dich (vielleicht!) zu ermutigen oder dir die Möglichkeit aufzuzeigen, genau das zu tun, was dein Traum ist. Du kannst anderen nur etwas geben, wenn es dir selber gut geht und du mit deinem Leben zufrieden bist. Frei sein heißt, frei von Zwängen und Vorschriften zu sein, wie du dein Leben führen sollst: Was du machen, wo du wohnen, wie du deine Beziehungen gestalten sollst. Frei sein bedeutet, zu tun, was du wirklich willst.
Was bedeutet frei sein für dich ganz persönlich?

Kilimandscharo – Tag 1

»Guck, da isser! Da treibst du uns jetzt hoch.« Klaus deutete an mir vorbei auf das Bergmassiv, das wir aus dem Flugzeugfenster bei schönstem Sonnenschein sehen konnten. Es schien fast so, als wären wir auf gleicher Höhe mit dem Gipfel.

»Mann«, dachte ich bei mir, »was habe ich mir dabei bloß gedacht?« Ich musste mir eingestehen: »Belz, du bist naiv. Du hast dich überhaupt nicht theoretisch vorbereitet. Du hast nichts über den Berg gelesen.«

Als wir am 1. August 2018 beim Anflug auf den Kilimandscharo International Airport den Gebirgszug westlich hinter uns ließen, wurde mir mit einem Mal klar, wie hoch knapp sechstausend Meter tatsächlich sind. Man kann es nur so beschreiben: Majestätisch erhob sich der Berg, dessen Kuppe schneebedeckt war, aus den dunkelgrünen Ebenen des Nationalparks empor.

Ich schluckte und sah hinüber. Klaus sah müde aus. Ich kann im Flugzeug immer super schlafen, aber das gelingt nicht jedem. Zumal Klaus unter Flugangst litt, ganz zu schweigen von Günther, der tatsächlich noch nie zuvor in seinem Leben geflogen war und bis Addis Abeba kein Auge zubekommen hatte. Etwas zerknautscht, aber fröhlich und aufgeregt stiegen wir am Kilimandscharo Airport aus dem Flugzeug.

Mit einem schicken Geländewagen wurden wir zur Lodge gefahren, wo das Team schon auf uns wartete: Melanie, die das alles organisiert hatte und quasi meine Agentin war, Nils, der die Fotos machen sollte, sowie Alexander und Claudio, die beide für die Filmaufnahmen verantwortlich waren.

Erst mal gab es auf der Terrasse einen frisch gepressten Orangensaft, und wir konnten uns ein wenig vom Flug erholen, bevor es danach gleich mit der »Arbeit« losging. Es musste noch viel organisiert werden, viele Fragen waren noch offen. Wie genau sollten wir unser Gepäck untereinander aufteilen? Wer teilt sich mit wem ein Zelt? Worauf müssen wir beim Aufstieg achten? Was darf keinesfalls passieren? Später sollten wir auch die Mitglieder des lokalen Teams, unsere Guides und Porter, kennenlernen. Letztendlich würde unser Trupp aus einundvierzig Leuten bestehen, dazu kamen wir sechs. Das Film- bzw. Fototeam, bestehend aus Alexander und Claudio sowie Nils, dann Klaus und Günther und schließlich ich.

Ich war von der ganzen Situation überwältigt – dem plötzlich sommerlichen Wetter, der Schönheit des Nationalparks, von all den Infos, die auf mich einströmten, und der Aussicht darauf, mir meinen Traum jetzt tatsächlich erfüllen zu können.

Trotz all dieser Gedanken hielt ich kurz inne: Was, wenn ich das nicht stemmen kann? Was, wenn ich mir nach wenigen Tagen eingestehen muss, dass ich es nicht packe? Wenn ich mich verletze oder sonst jemand aus dem Team?

Technisch ist der Aufstieg auf den Gipfel nicht besonders schwierig, ein Wanderweg führt bis oben hinauf. Aber wie würde ich dastehen, wenn ich zurück zur Station und nach Deutschland käme und sagen müsste: »Nee, sorry Leute, das hat nicht geklappt. Ich habe mir wohl zu viel vorgenommen«?

Ich weiß, meine Familie und Freunde würden weiterhin zu mir stehen, aber all die anderen würden sich natürlich ins Fäustchen lachen: »Haben wir doch gesagt, ein Behinderter schafft so etwas nicht!« Ich hätte nicht nur mein Gesicht verloren, sondern stünde auch noch als Angeber da. Und ich hätte nicht nur mich selbst enttäuscht, sondern natürlich auch meine Unterstützer, nicht zuletzt die Sponsoren der Tour.

Das größte Risiko bei einer solchen Tour ist, unter Höhenkrankheit zu leiden. Und das ist vorher nicht abzusehen. An der eigenen Kondition kann man arbeiten. Steigen, klettern, das kann man vorher trainieren, aber die Höhenkrankheit – darauf kann man sich nicht vorbereiten. Da gibt es keine Trainingsmöglichkeiten. Das Einzige, was man machen kann, ist sich langsam an die Höhe und an den geringen Sauerstoffgehalt der Luft zu gewöhnen. Sich beim Aufstieg zu akklimatisieren ist alles. Der Aufstieg muss langsam erfolgen, damit der Körper die Chance bekommt, vermehrt rote Blutkörperchen zu produzieren, um eine Sauerstoffunterversorgung zu verhindern. Das gelingt aber nicht immer. Einige Menschen sind anfälliger für die Höhenkrankheit als andere, das hat weder etwas mit dem körperlichen Zustand noch ihrer Kondition zu tun. Empfindlichere Personen bekommen dann ab zweieinhalbtausend Metern beispielsweise Kopfschmerzen, Übelkeit, Erbrechen und Atemnot, sie leiden unter Müdigkeit, Schwindel oder Schlafstörungen. Im schlimmsten Fall führen Ödeme, Flüssigkeitsansammlungen im Gehirn oder in der Lunge, zum Tod.

Tritt eines der Symptome auf, ist das okay. Mit einem Tag Ruhe, viel Schlaf und viel Trinken ist man dann schnell wieder fit. Aber treten zwei oder mehr Anzeichen auf, gibt es nur eine Lösung: so schnell wie möglich wieder absteigen.

Was wäre, wenn ich höhenkrank würde? Da zaudern nicht meine Art ist, wandte ich mich schnell wieder den drängenden praktischen Fragen zu, die wir in der Gruppe klären mussten: Wie sehen die ersten Etappen aus, und wann treffen wir zum ersten Mal unser tansanisches Team und lernen uns kennen?

Abends aßen wir in der Lodge. Es war ein absurdes Bild: Livrierte Ober legten uns mit Silberbesteck das Essen vor, während uns von der Wand ausgestopftes Großwild aus seinen toten Augen anstarrte. Die Drinks glitzerten in Kristallgläsern – ein ordentlicher Unterschied zu dem, was uns in den nächsten Tagen erwartete. Die Ledercouches am Lagerfeuer konnten wir aber nicht so recht genießen, denn dafür hatten wir gar keine Zeit. Sowohl Klaus als auch ich hatten Interviewtermine, um unsere ersten Eindrücke von Afrika wiederzugeben.

Dann trafen wir unsere Guides und Porter. Drei Headguides hatten die Verantwortung für uns und die Tour: Godlisten, Calvin und Gaudance, die uns auf die Passagen und Pässe führten, und die vielen, vielen Porter, die die Zelte, Küchenequipment, Schlafsäcke und einen Teil des Gepäcks schleppten, darunter Massai, Freddy und Joey.

Freddy war die gute Seele der Mannschaft, er war auch Mittelsmann zu den anderen Portern, die kaum oder nur sehr wenig Englisch sprachen. Massai war für das Küchenzelt zuständig, ich mochte ihn von Anfang an gerne, weil er viel unbefangener auf uns zukam als seine Kollegen.

Zunächst erklärten sie uns, wie wir uns vorbereiten sollten, was wir mit auf den Berg nehmen und was wir unten in der Lodge lassen sollten.

Ich musste feststellen, dass ich viel zu viel eingepackt hatte. Beispielsweise noch einen extra Schuh, falls man mal ins Restaurant geht – wie absurd dieser Gedanke war, wurde mir erst vor Ort bewusst. Das alles musste raus! Ich hatte letztendlich zwei Schuhe mit oben, einen Wanderschuh und einen Bergstiefel. Beim Aufstieg trug ich meinen Fünf-Liter-Rucksack. Für jeden Tag zwei Liter Trinkwasser extra und dann vielleicht noch ein frisches T-Shirt. Ich hatte noch eine Kamera dabei, mein Handy und einige Snacks, so etwas wie Schokoriegel – das war es, mehr nicht.

Insgesamt hatte ich für die Reise etwa zwölf Kilo dabei, den Rest hat mir einer der Porter abgenommen: Klamotten zum Wechseln und ein Tablet zum Filmegucken. Ich hatte mir nämlich vorher Folgendes überlegt: Wenn es mir auf der Tour aus irgendeinem Grund schlecht gehen sollte, könnte ich einen Film aus meiner Kindheit gucken, um mich ein bisschen heimisch zu fühlen. Das war schon luxuriös, da haben wir dann ein paar Tage später auf viertausend Metern Höhe *Der Prinz von Belair* geschaut.

Und dann war unser erster Tag gegen acht Uhr abends auch schon vorbei, am nächsten Morgen mussten wir ja früh aufbrechen.

Nils, mit dem ich ein Zimmer teilte, und ich haben alles, was wir an Gepäck für den Aufstieg dabeihatten, mehrmals um- und aussortiert. Dabei haben wir uns abgestimmt: »Kannst du das von mir nehmen, dann übernehme ich etwas von dir.« Den Rest, den wir nicht mitnehmen konnten, haben wir in der Lodge bei Melanie gelassen, deren Zimmer am Ende aussah wie ein Fundbüro für Koffer.

Am nächsten Morgen ging es dann sehr früh los.

Die Porter und Guides

Für unseren Aufstieg waren also Gaudance, Godlisten und Calvin verantwortlich, die einander abwechselten. Einer von ihnen war immer bei uns, die anderen beiden bei dem Rest vom Team. Sie ernähren ihre Familien damit, dass sie Trekkingtouristen den Kilimandscharo hinauf- und hinunterführen. Darüber hinaus schleppen die Porter die Zelte sowie Lebensmittel und auf der letzten Etappe das Trinkwasser über Tausende von Höhenmetern. In der Hochsaison erklettern bis zu fünfhundert Touristen täglich den Berg. Ihr Gepäck wird von den Portern transportiert, und sie werden von professionellen Guides begleitet, wie wir auch. Bei der Masse an Menschen heißt es also, dass es richtig einsam nur ganz oben auf dem Gipfel ist.

Kamen wir an einer der sieben Zwischenstationen an, waren die Porter und einige Guides immer vor uns dort. Sie haben einfach ein ganz anderes Schritttempo und kommen meist auch ganz ohne Wasser aus. Viele von ihnen hatten gar nichts zu trinken dabei! Bei Ankunft im Camp standen die Schlafzelte schon, die Schlafsäcke lagen schon bereit, das Klozelt stand – all das war schon sehr luxuriös!

Aufgrund der Sprachbarriere war es manchmal schwierig, einander kennenzulernen. Von den Guides sprach Godlisten am besten Englisch, während ich anfing, ein wenig Suaheli zu lernen.

Obwohl einer der Porter, Massai, wirklich überhaupt kein Englisch sprach, ist er mir sofort ans Herz gewachsen. Sein Lachen war unverkennbar: Es klang ein wenig wie das Keckern eines Kakadus, nur tiefer. Wir haben uns mit bruchstückhaften Vokabeln und Händen und Füßen verständigt, und im Gegensatz zu den anderen Tansaniern hat er immer Blickkontakt gesucht. Massai hatte eine liebevolle Art, und während die anderen nicht so recht wussten, wie sie mit dem Einbeinigen umgehen sollten, hat er unbefangen Witze gemacht. Aber er konnte auch einstecken, wenn ich mich darüber amüsierte, dass er mit seinen 1,65 Metern und seinem bulligen Körperbau auf dem Marsch noch auf sein Styling achtete. Er stopfte sich die Hosenbeine zum Beispiel immer in die Socken, weil er das cool fand. Ihm mangelte es auch nicht an Selbstironie. Beim Abendessen erklärte er mit ausgebreiteten Armen: »President, I am president«, so als sei er der Vorsitzende der Tansanier, die mit uns hochgingen, obwohl er einfach nur ein Mitglied der Gruppe war wie jeder andere. An einem dieser Abende stimmten die Guides und Porter ein Lied an: »Hakuna Matata«, was so viel wie »kein Problem« heißt. Es ist ein fröhliches Lied, dessen Rhythmus einen mitnimmt. Immer wenn einer damit anfing, sangen die anderen mit.

In einer Pause bekam ich mit, dass die Porter anscheinend irgendwie über mich sprachen, sie warfen mir verstohlen Blicke zu und wandten sich dann schnell wieder ab. Godlisten sagte etwas zu ihnen und alle fingen an zu lachen.

»Ich habe ihnen gesagt, du bist ein *mbuzi dume, strong goat*. Du springst auf dem Trail herum wie eine starke Ziege. Du hüpfst mit deinen Krücken über die Felsbrocken wie ein *mbuzi dume*.« Schon hatte ich meinen Spitznamen weg.

Dass ich fröhlich wie eine Ziege herumsprang, galt sicherlich nicht für die erste und zweite Etappe, die durch dichten Regenwald und später durch Baumsavannen und Sümpfe führten, sondern wohl eher für den nächsten Abschnitt, der in einer alpinen Wüste lag. Dort musste ich sehr sorgfältig darauf achten, wo ich meine Krücken platzierte, um nicht abzurutschen und umzukippen. Später erzählte mir Godlisten, dass die Guides und Porter jeden Tag aufs Neue erstaunt waren, wenn ich die Etappe geschafft hatte.

Mit Massai habe ich mich sehr gut verstanden, ich wollte ihm zeigen, dass es schön ist, dass er mit dabei war. In ihm habe ich viel mehr gesehen als einen Träger, der für mich »abgestellt« war.

Abgesehen von der Tatsache, dass wir uns miteinander ganz gut verständigen konnten, ohne dass wir eine gemeinsame Sprache hatten, war ich von ihm auch noch aus einem anderen Grund eingenommen. Im Gegensatz zu den anderen ging er immer nur hinter mir und hakte mich nicht unter. Er hat mich machen lassen, war aber quasi als Backup da, falls ich Unterstützung brauchte. Vielleicht klingt es ein bisschen weit hergeholt, aber wenn man jemanden unterhakt, dann führt man ihn. Das lässt sich kaum vermeiden. Massai hat mich meinen Weg selbst finden lassen, aber zur Sicherheit war er da, um mich gegebenenfalls von hinten etwas zu schieben. Und weil wir uns so gut verstanden, war klar, dass er mich auch die letzte Etappe zum Peak begleiten sollte.

Jeden Morgen haben wir im sogenannten Kommunikationszelt Frühstück bekommen, während die Porter und Guides für sich aßen. Ich fand es immer verrückt, dass wir getrennt voneinander gegessen haben. Für den Weg bekamen wir eine Proviantbox mit, die ich neben den Snacks, die ich dabeihatte, mit mir herumtrug. Bei jeder Pause musste ich wild gestikulieren, damit Massai sich endlich auch bei mir bediente und etwas mitaß, um diese blöde Trennung aufzuheben.

Neben den Guides und Portern mussten auch Nils, Alexander und Claudio uns immer einen Schritt voraus sein, damit sie, näherten wir uns der nächsten Etappe, unsere Ankunft auch filmen bzw. fotografieren konnten. Das galt für den Aufstieg ebenso wie für den Abstieg, damit auch unsere Rückkehr auf der Basisstation dokumentiert wurde.

Tränen lachen in dreitausend Meter Höhe

Plötzlich war ich eingeschlossen. Aus Versehen hatte ich mich im Klozelt eingesperrt, dessen Zwei-Wege-Reißverschluss klemmte. Ich bin aufs Klo gegangen und wollte dann hinaus, aber die Ösen des Reißverschlusses steckten in der Mitte fest. Mit den Krücken konnte ich weder oben drübersteigen noch untendrunter rauskriechen und habe nur noch um Hilfe gerufen, doch nichts passierte. Immer wieder wiederholte ich: »Please, Mr. Godlisten, don't let me *gute Nacht*. Please don't let me *isi gomema* in the toilet, help me get out! I don't want to sleep in this toilet! Help me!«

Draußen hörte ich die Porter und Guides miteinander reden, und dann fing der Erste an zu lachen. Ich hörte nicht auf zu rufen, dass ich nicht die Nacht dort verbringen wolle, aber dann hörte ich auch Massai mit seiner keckernden Lache und Godlisten ins allgemeine Gekicher einstimmen. Das Lachen breitete sich aus und schwoll an. Schließlich musste auch ich so lachen, bis mir die Tränen übers Gesicht liefen. Alle schrien vor Lachen, als sie mich schließlich aus dem Klozelt befreiten.

»I have never laughed so hard on the mountain – ever!« Godlisten prustete weiter.

Abgesehen von der Aufregung und den Anstrengungen hatten wir auch echt viel Spaß, was uns zusammenschweißte. Mit einigen der Guides und Porter habe ich immer noch über Facebook Kontakt, und manchmal kommen sie auf diese Geschichte zurück. Ich bin ihnen noch heute sehr dankbar dafür, dass sie gemeinsam mit mir diesen Weg gegangen sind. Einer von ihnen versicherte mir viele Male, dass es ihnen eine große Ehre sei, dabei gewesen zu sein. Sie hätten sich nie vorstellen können, dass es dem Strong Goat gelingen könnte, den Kilimandscharo zu besteigen.

Lachen ist so unglaublich wichtig – auch über sich selbst. Ich kenne viel zu viele Menschen, die sich zu ernst nehmen und überhaupt kein bisschen Abstand haben, um über sich selbst lachen zu können. Das ist ziemlich traurig, auch für ihre Mitmenschen. Mag man sich mit Leuten umgeben, die so stocksteif sind? Ich jedenfalls nicht.
Wie ist es bei dir? Kannst du auch über dich selbst lachen?

Höhenkrankheit

Irgendwann bin ich am frühen Abend wach geworden und spürte mein Herz pochen. Es war der 9. August 2018, unsere letzte Etappe stand bevor. Morgen war also der Tag, an dem ich wirklich mit den anderen zusammen auf den Gipfel des Kilimandscharo steigen würde. Ich freute mich so sehr, dass ich kaum wieder einschlafen konnte, wobei Schlaf doch so wichtig war, denn es lagen noch tausend Höhenmeter in ungefähr sieben Stunden Aufstieg vor uns. Wir hatten auf dieser Etappe einen Tag Ruhe eingelegt, um uns an die extreme Höhe zu gewöhnen, und sind superfrüh schlafen gegangen. Doch vor dem Einschlafen dachte ich immer wieder: So, gleich geht es los!

Als mein Handy pünktlich um 23 Uhr summte, hüpfte ich erstaunlich frisch aus meinem Schlafsack, angetrieben von dem ganzen Adrenalin, das durch meinen Körper strömte. Nils war schon draußen. Um 23.30 Uhr war Aufbruch, ich machte mich zügig fertig. Meine Bergstiefel hatte ich perfekt mit genau dem richtigen Maß an Festigkeit zugeschnürt, ich war also ready to go. Es konnte losgehen.

Draußen bat mich Alexander, ins Kommunikationszelt zu kommen. Okay, dachte ich mir, die wollen noch ein paar Aufnahmen vor dem Aufbruch drehen. Als ich ins Zelt kam, saßen Klaus und Günther schon da, und ich dachte mir sofort: Die sehen überhaupt nicht gut aus. Instinktiv spürte ich, dass etwas mit den beiden nicht in Ordnung war, und genauso schnell war mir klar, dass das, was gleich kommen würde, die ganze Tour auf den Kopf stellen würde. Ich fing an zu weinen, ohne wirklich zu wissen, was los war. Die beiden sahen mich erstaunt an.

Auf 4950 Meter ist es wichtig, darauf Rücksicht zu nehmen, wenn es einem Mitglied der Tour nicht gutgeht. Wenn hier oben was passiert, dann musst du satte fünfhundert Höhenmeter wieder hinunterlaufen, damit dich dort der Helikopter mit einem Arzt abholen kann. In dieser Grenzzone über viertausendfünfhundert Meter ist es supergefährlich, wenn man gesundheitliche Probleme hat.

Mir sprudelten alle möglichen Gedanken durchs Hirn: Was ist, wenn ich ohne die beiden aufsteigen muss? Schaffe ich das überhaupt allein? Will ich das allein schaffen? Natürlich war es auch egoistisch, Angst davor zu haben, dort allein hochzuwandern.

Unter Tränen habe ich dann dagesessen und mir erst einmal angehört, wie schlecht es Klaus und Günther am Abend ergangen war, als ich irgendwann doch eingeschlafen war. Beide hatten mehrere Symptome von Höhenkrankheit – Schwindel, Müdigkeit, Kopfschmerzen. Es verbot sich, dass sie hier noch länger als nötig auf dieser Höhe ausharrten. Die letzte Etappe mit mir zusammen zu nehmen war vollkommen ausgeschlossen.

Klaus räusperte sich. »Aus ärztlicher Sicht ist es einfach wichtig, dass wir nicht zu lange hier oben bleiben. Tom, es tut mir leid, aber das, was ich dir gestern Nachmittag versprochen habe, dass ich mit dir zusammen da hochgehe, das kann ich jetzt leider nicht mehr halten, unter diesen Umständen. Die Symptome der Höhenkrankheit sind überdeutlich, die kann man nicht ignorieren. Wir müssen zurück.«

Mir war, als hätte ich einen Fiebertraum. Es war real und auch nicht. Die folgende Szene hatte ich schon vor Monaten genau so vor Augen gehabt: Da oben stehen Klaus, Günther und ich zu dritt. Dass wir oben ein blödes Bild vor dem Schild des Uhuru Peak machen und ich die Zunge rausstrecken würde, weil ich bewiesen hatte, wozu ich in der Lage bin. Das hatte ich mir als einen wunderbaren Moment vorgestellt, von dem nun feststand, dass der nicht eintreffen würde.

Ich musste furchtbar weinen, aus Angst, Enttäuschung und vermutlich auch Selbstmitleid. Ich habe keine klaren Worte herausgekriegt. Ich wollte ihnen sagen, dass es gar nicht schlimm sei. Es sei das einzig Richtige, vernünftig zu sein und wieder abzusteigen. Aber ich hatte Angst, Angst, dass, wenn es mir auf der letzten Etappe psychisch schlechtginge, Klaus mich dann nicht in den Arm nehmen könnte. Allen liefen in diesem Moment die Tränen über das Gesicht: mir sowieso, aber auch Klaus und Günther und sogar den Kameraleuten. Godlisten schaute betreten drein.

Vor Klaus hatte ich großen Respekt. Es zeugte von Größe, sich so kurz vor dem Ziel einzugestehen, dass man es nicht erreichen kann.

Klaus war mein Ansporn. Er *musste* einfach dabei sein, wenn ich es endlich schaffte, meinen Traum umzusetzen. Ich wollte etwas erreichen, wovon mir jahrzehntelang alle weismachen wollten, dass ich dazu nicht in der Lage wäre.

Klaus erlangte als Erster wieder die Fassung und sagte: »Schau mal, das kannst du metaphorisch sehen, genauso wie damals. Ich konnte dir sagen, wie die Therapie aussieht, was da passieren würde, aber durchleiden musstest du es selbst. Und jetzt musst du den letzten Schritt auch alleine gehen.«

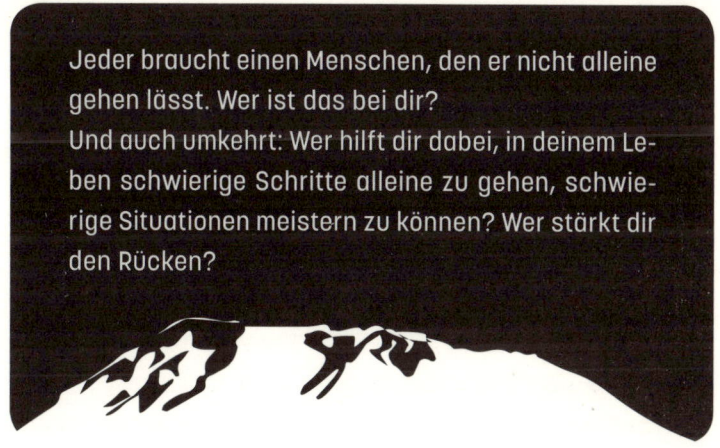

Jeder braucht einen Menschen, den er nicht alleine gehen lässt. Wer ist das bei dir?
Und auch umkehrt: Wer hilft dir dabei, in deinem Leben schwierige Schritte alleine zu gehen, schwierige Situationen meistern zu können? Wer stärkt dir den Rücken?

Wir haben uns umarmt und weiter Rotz und Wasser geheult. So viel bedeutete es mir, dass Klaus dabei war. Als wir wieder draußen vor dem Zelt standen, schaute er mir direkt in die Augen: »Du schaffst das. Du weißt es vielleicht noch nicht, aber ich weiß, dass du es schaffen wirst. Mach es für uns beide.«

Und dann habe ich mit den anderen zusammen die letzte Etappe in Angriff genommen.

Kurz vor dem Ziel

Die letzte Etappe auf den Uhuru Peak nahm ich also ohne Klaus. Jetzt waren wir nur noch zu acht: Godlisten, Massai, Freddy und Joey, Alex, Claudio, Nils und ich. Nach den ersten Stunden Anstieg merkte ich die physische Anstrengung. Ich musste an Klaus denken und fing wieder an zu weinen. Es war so kalt, dass mir die Tränen auf der Wange festfroren. In den Pausen musste ich mir die Handschuhe ausziehen, um mir das Eis und das Salz, das durch den Wind bis zur Schläfe getrieben wurde, abzuwischen.

In meinen Gedanken war Klaus immer dabei, wie er damals immer zuverlässig an meiner Seite war, als ich gegen den Krebs ankämpfte. Nur jetzt, beim Erklimmen des höchsten Berges Afrikas, war er physisch nicht anwesend. Er fehlte mir sehr. Ich hatte dieses Abenteuer unbedingt mit ihm gemeinsam erleben wollen. Was ich gerade tat – auf den Gipfel in Höhe von 5895 Metern zu steigen –, hatte ich doch mit ihm zusammen machen wollen!

In meinem Leben hatte ich schon Schlimmes erlebt, die Diagnose, die brennenden Schmerzen, die Angst zu sterben, Angst, das Bein zu verlieren, die Sorge in den Augen meiner Eltern zu sehen, die Chemo, die Amputation, der Kampf gegen eine Prothese, die Ablehnung meiner Mitschüler, der Kampf, mich durchzusetzen und es mir selbst zu beweisen. Das alles hatte ich durchlebt, seit einigen Jahren ging mein Leben nur noch steil aufwärts wie der Weg auf den Kilimandscharo.

Würde ich die letzte Etappe jetzt aber überhaupt bewältigen? Bei gewissen Passagen, wo die Steigung nicht so stark war, glaubte ich fest daran, es schaffen zu können. Aber bei anderen Passagen, bei denen ich Godlisten oder Massai die Krücken in die Hand geben musste, um klettern zu können, hatte ich große Zweifel. Oft ging mir durch den Kopf: Wenn das ganz oben so ist, dann gute Nacht. Das schaffe ich nie.

Massai ging hinter mir und drückte mich hin und wieder am Hintern nach vorn, um mich zu stützen. Es war gut zu wissen, dass er hinter mir war.

Mein Leben lang motivierte mich der Gedanke, über meine Schmerzgrenze hinauszugehen. Aber das hier war zu viel. Die Schmerzen in meinen Händen waren so stark, dass ich das Gefühl hatte, jetzt geht es nicht mehr. Ich konnte die Krücken nicht mehr halten, und sie rutschten mir aus den Händen. Das Bein und der Fuß waren kalt. Warm war allein mein Oberkörper aufgrund der Anstrengung.

»Es ist ja nicht das erste Mal, dass du Schmerzen hast und dass es irgendwo kalt ist«, dachte ich bei mir. »Wenn du das jetzt schaffst, dann wirst du das mal deinen Kindern erzählen können.« Trotzdem fiel mir das Atmen plötzlich sehr schwer. Zunächst riss ich mich zusammen, doch irgendwann ging nichts mehr.

Es heißt, wenn man Stella Point erreicht hat, hat man den Berg quasi bezwungen, aber es ist noch nicht der Peak, nicht der höchste Punkt. Kurz vor Stella Point musste ich mich hinsetzen. Ich konnte nicht mehr. Rotz und Tränen liefen mir über das Gesicht, um dann zu gefrieren. Alle hielten mit mir an.

Ich hatte mich vorher überhaupt nicht mit der Idee beschäftigt, was es rein physisch heißt, auf fast sechstausend Meter Höhe aufzusteigen. Ich wusste, dass ich es vielleicht nicht schaffen könnte, aber ich hatte mir nie wirklich vorgestellt, wie es wäre, es nicht zu schaffen. Es waren noch nicht mal mehr einhundertfünfzig Höhenmeter bis zum Gipfel, aber ich saß auf dem Boden und heulte. Ich konnte nicht mehr, ich wollte nicht mehr. Das Projekt war toll, aber ich dachte nur: »Das schaffe ich nicht mehr.«

Wir legten eine Pause ein.

Ich saß da oben auf über fünftausendsiebenhundert Metern Höhe und konnte keinen klaren Gedanken mehr fassen. Meine Motivation war plötzlich weg, meine Ursprungsidee war einfach weg. Möglicherweise konnte ich aufgrund von Sauerstoffmangel nicht mehr richtig denken. Vielleicht lag es ja schlicht daran, dass dort oben nur noch fünfzig Prozent des Sauerstoffgehalts in der Luft vorhanden sind, vielleicht war meine Motivation mit den anderen fünfzig Prozent verschwunden.

Plötzlich fing ich an, mir Fragen zu stellen: Was ist hier eigentlich los? Ich sitze hier auf einem Scheißberg in Afrika. Warum eigentlich? WARUM mache ich das hier überhaupt? Für WEN? Es sind immer die klaren Gedanken, die mich irgendwo hinziehen, die mich vorantreiben. Und es steckt auch immer ein wenig Verbissenheit dahinter.

Und jetzt war kein einziger klarer positiver Gedanke mehr in meinem Hirn. Das Getriebensein hatte mich auf einer gewissen Höhe einfach verlassen. Irgendwann hat es mir zugesetzt, dass die Luft da oben so dünn war, so dass ich nicht mehr klar denken konnte und nichts mehr wollte. Ich fing an, mit mir zu hadern und nach Ausreden zu suchen, warum ich es nicht schaffen könnte. Eine Frage ging mir in einer Dauerschleife durch den Kopf: Warum zur Hölle machte ich das hier überhaupt?

Godlisten hat mich irgendwann an die Antwort, die mir nicht mehr einfallen wollte, erinnert. Der Headguide baute sich vor mir auf und redete auf mich ein, wobei er gegen den Wind anbrüllen musste.

»Du hast uns die letzte Woche von dir erzählt. Du hast erzählt, was du machst und wer du bist. Was dir wichtig ist. Und warum du auf den Kilimandscharo steigen willst. All das hast du uns erzählt. Und jetzt? Jetzt sind wir doch hier! Dann zeig uns doch, wie stark jemand ist, der nur ein Bein hat! Zeig es dir und den anderen! Das bist du!«

Die Antwort war, dass ich vergessen hatte, wer ich bin. Godlisten zeigte mir, wer ich bin, warum ich dort war und warum ich das machte: um es mir selbst zu beweisen. Um mir zu beweisen, dass ich mehr bin als nur ein Bein.

Dann packten er und Massai mich unter den Armen und stellten mich hin. Godlisten nahm mich an den Schultern und drehte mich zum Gipfel, als wollte er sagen: Da geht's lang.

Aus dem Nichts fingen die Guides und Porter an zu singen »Hakuna Matata«. Ich konnte nur ein bisschen wippen. Doch trotz meiner Schmerzen spürte ich, welche Energie da war.

Dann bewältigten wir gemeinsam die letzten Höhenmeter: Godlisten, Massai, Freddy, Joey, Alex, Nils, Claudio und ich. Einen Schritt nach dem anderen.

Und eins und eins und eins und eins.

Be kind to yourself. You are doing the best you can. Jeder von uns ist auf irgendeine Art und Weise selbstkritisch. Richtig? Dies kann positiv wie auch im Übermaß negativ sein.

Man muss nicht besser oder schneller sein, nur um an dem Ort anzukommen, von dem man träumt. Okay, manchmal muss man kämpfen, um dieses Ziel zu erreichen. Doch man muss sich nur selbst akzeptieren lernen und sein eigenes Glück nicht suchen, sondern es aus sich selbst heraus kreieren. Bei manchen geht dieser Prozess schneller als bei anderen, na und? Dennoch ist die Wirkung dieselbe – und das Gefühl, irgendwo angekommen zu sein, ist ebenso großartig wie einzigartig.

Also: Sei nicht so hart zu dir selbst, denn dann ist das Leben gleich um einiges schöner und einfacher.

Jeder hat seinen eigenen Kilimandscharo

Ich habe nur zu den Guides und Portern geschaut und drei Worte gesagt: »Ich hab's geschafft.« Ohne sie hätte ich es im Leben nicht hinbekommen. Ich hatte den höchsten Gipfel Afrikas bezwungen, und ich hatte es nicht nur für mich getan, sondern auch für Klaus.

Dort oben zu stehen war in jeder Hinsicht überwältigend. Wir haben die Sonne langsam aufgehen sehen. Von dort oben sieht man sogar die Erdkrümmung, das ist Wahnsinn. Und dann ist mir erst mal so richtig bewusst geworden, wo ich gerade stand. Dass ich tatsächlich auf 5895 Metern stehe und auf alles hinunterschauen kann. Das war, glaube ich, eines der stärksten Gefühle, die ich jemals gehabt habe, abgesehen von der Liebe zu meinen Eltern oder zu meiner Freundin.

Ich habe mich erst mal hingesetzt, meinen Rücken an den Pfosten des Schilds gelehnt, und dann flossen die Tränen. Ich habe an Klaus gedacht. Der Gedanke an ihn ist untrennbar mit der Zeit der Krebserkrankung verbunden. Das eine geht nicht ohne das andere. Auf dem Peak habe ich den kleinen Tommy vor mir gesehen, dem alle immer eingeredet haben: Du brauchst eine Prothese. Du solltest das so und so machen. Du musst die Hände frei haben, um ein adäquates Leben führen zu können. Vor dem Hintergrund dieser Gedanken sagte ich zu mir: Das hier, Kollege, habe ich für dich gemacht.

Ich habe an viele andere Menschen gedacht, an meine Eltern und an meine Oma im Himmel, wenn es den denn gibt.

Auf dem Gipfel hatten wir ungefähr zwanzig Minuten Zeit. Länger sind wir nicht geblieben, weil die Temperaturen zwischen minus zehn und minus zwanzig Grad liegen. Dem Wind ist man ungeschützt ausgesetzt, es ist also nicht wirklich gemütlich. Und ich wollte auch einfach wieder gehen. Ich hatte es geschafft, ich wollte zu Klaus und zu Günther und ihnen sagen, dass ich es wirklich geschafft habe.

Der Aufstieg dauert acht Tage, und am neunten erreicht man den Gipfel, aber auf dem Weg zum Peak gibt es kein Camp mehr, in dem man sich ausruhen könnte. Nach sechs Stunden Aufstieg muss man vom Gipfel wieder heruntersteigen, dabei eintausend Höhenmeter bewältigen und dann noch mal weiter zum Camp laufen, also den halben Berg hinunterklettern, insgesamt macht das dreitausend Höhenmeter an einem Tag.

Die erste Stunde, nachdem wir ganz oben waren, bin ich nur gerannt. »Stopp! Stopp! Stopp!«, hat Massai immer gerufen, er musste hinter mir herhetzen. Der Kies war so fein, dass ich ständig ausgerutscht und gefallen bin, aber es hat mir nichts ausgemacht. So unter Adrenalin stand ich, die Glücksgefühle waren so gewaltig, dass ich einfach nicht anhalten konnte und immer weiterrennen musste. Aber auch Alex, Nils und Claudio mussten mitrennen, denn sie mussten ja vor mir im Camp sein, um meine Ankunft dort dokumentieren zu können.

Auf dem Weg nach unten sind wir ständig gefragt worden, ob wir es geschafft hätten. Die Nachricht, dass ein Einbeiniger auf dem Weg zum Gipfel war, hatte in den Camps schon die Runde gemacht. Die Leute waren neugierig und freuten sich mit mir, viele wollten ein Selfie mit mir machen.

Schon von weitem konnte ich unser Camp sehen, das dank einer Sondergenehmigung direkt am Abstieg lag. Es war gegen zehn Uhr, als wir dort eintrafen. Klaus und Günther nahmen mich in Empfang.

»Du hast es geschafft.« Klaus nahm mich in die Arme. »War kalt, 'ne?«

Im Hintergrund hatten sich schon unsere Guides und Porter versammelt und begrüßten uns laut singend und tanzend. »Hakuna Matata.« Sie waren, glaube ich, genauso stolz wie ich, dass ich meinen Traum verwirklicht hatte und sie daran Anteil hatten.

Wir mussten uns erst mal ausruhen, doch viel Zeit hatten wir dafür nicht. Nach der letzten Nacht im Camp mussten wir wieder hinunter zur Lodge wandern.

Ich war superglücklich, aber körperlich extrem erschöpft. Der Schmerz wurde von Glücksgefühlen verdrängt. Nach zwei Tagen hatte sich mein Körper wieder einigermaßen erholt. Und ich hatte wieder Mut. Ich hatte wieder ausreichend Kraft, mich den Problemen und Hürden zu stellen, die mich in der Zeit vor unserer Reise beschäftigt hatten. Der Kilimandscharo war für mich ein Wendepunkt. Ich schaute zurück auf die letzten vierundzwanzig Jahre und auf eine Menge Scheiße, die passiert war. Aber jetzt hatte ich wieder Kraft, mich dem Ganzen zu stellen und mindestens die nächsten vierundzwanzig Jahre durchzuhalten – egal, was noch kommen mochte!

Die Besteigung war eine riesengroße Bestätigung dafür, was ich mir schon die ganze Zeit vor Augen gehalten hatte: Dass ich es schaffen kann, wenn ich mir etwas fest vornehme. Ich setze mich erst dann ruhig hin und bin still, wenn ich es will. Wann dieser Zeitpunkt gekommen ist, entscheide immer noch ich selbst. Es geht immer um Selbstbestimmung. Der Kilimandscharo hat mir noch mal gezeigt, dass es kompletter Quatsch ist, was dir die Leute erzählen. Nur du weißt, was du kannst oder nicht kannst, was du willst oder nicht willst. Da helfen keine gutgemeinten Ratschläge von anderen oder Bücher (auch dieses nicht, so leid es mir tut).

Der Kilimandscharo ist bereits 2012 von einem Menschen mit Behinderung bestiegen worden. Kyle Maynard, der an einer angeborenen Amputation von Unterarmen und -beinen leidet, ist damals mit Protektoren aus Karbon hochgekrabbelt. Zu seinem Zustand sagte er einmal in einem Interview: »Für mich ist es keine Behinderung, sondern eine Gabe.«

Das Motto des Amerikaners lautet: *No more excuses*. Keine Ausreden. Sein Ziel war und ist es, angesichts der Selbstmordrate von US-Kriegsveterane vor allem, sie zu ermutigen, ihr Zivilleben in die Hand zunehmen. Sein Beispiel zeigt: Jeder hat seinen individuellen Grund, einen Kilimandscharo zu besteigen.

Bevor wir uns ins Flugzeug in Richtung Deutschland setzten, besuchten wir noch eine tansanische Schule, weil es mir wichtig war, nicht nur als Bergtourist hinzufahren. Mit den Kids dort – behinderte, nicht behinderte und Waisen – verbrachten wir einen Tag, aber dann ging es zurück nach Rodgau. Und das Projekt war vorbei.

Genau davor hatte ich aber auch Angst. Die Zeit in der Gemeinschaft, mit den Guides und Portern war phantastisch, die Gruppe war toll – wir waren eine Mannschaft aus siebenundvierzig Leuten, das macht was mit einem. Als wir zurück nach Deutschland kamen, bin ich zunächst für einige Tage zu meinen Eltern gefahren, um mich auszuruhen und erst mal alle Eindrücke und Empfindungen zu verdauen.

Mbuzi Dume – Strong Goat

Es dauerte natürlich, bis der Film von Claudio von Planta *Mbuzi Dume – Strong Goat* über unseren Aufstieg fertig war. Claudio und Alexander arbeiteten den ganzen Herbst unter Hochdruck daran, ihn fertigzustellen. Am 9. Oktober 2018 war es endlich so weit: Zum ersten Mal wurde die Kurzversion im Rahmen der European Outdoor Film Tour (E. O. F. T.) in München vor Publikum gezeigt. Bei der Premiere waren Klaus mit seiner Frau und auch Günther da, was mich total freute, denn sie waren für den Film genauso wichtig wie ich. Um es kurz vorwegzunehmen: Die Premiere war ein Heulfest, so könnte man es wohl am besten beschreiben.

Die fertig geschnittene, lange 45-Minuten-Fassung hatte ich erst zwei Wochen zuvor zum ersten Mal gesehen. Dazu hatte ich mich allein zu Hause verbarrikadiert, um sie ganz in Ruhe zu schauen. Vom Material kannte ich nur wenig, denn während der Besteigung hatten mir Alex und Claudio hin und wieder nur ganz kurze Ausschnitte gezeigt. Jedenfalls schaute ich mir den Film erst einmal alleine an und wurde so von Emotionen gepackt, dass ich auf meinem Sofa saß und den Tränen freien Lauf ließ. So schön war es. Die Interviews haben die beiden extrem gut und vorsichtig geführt, ich konnte die ganze Zeit ich sein. Oft haben sie mich einfach nur reden lassen. Und bei der Szene, in der ich über meine Amputation rede, da ist es bei mir auch heute immer noch vorbei, das ist nach wie vor sehr emotional für mich.

Vor Publikum hatte ich in München eigentlich nicht vor zu heulen, aber da ich nun mal extrem nah am Wasser gebaut bin, war schon abzusehen, dass zumindest bei mir kein Auge trocken bleiben würde. Aber es hatte auch das Publikum gepackt. Bei der Veranstaltung hatte ich einen Platz in der ersten Reihe, und wohin ich auch heimlich guckte: Alle heulten, während der Film lief. Hinter mir saß Klaus, der mir die Schulter tätschelte, neben mir saß zufällig Adam Ondra, der mehrfache Weltmeister im Klettern – ein krasser Typ, den ich total verehre –, und auch ihm standen die Tränen in den Augen.

Bei der Anmoderation schniefte die Moderatorin, und auf der Bühne lagen Claudio, Alexander, Klaus und ich uns heulend in den Armen. Gefühlt hat der komplette Saal geweint. Bis auf die Schweizer Kollegen, die waren zwar begeistert, aber Emotionen gab's da keine, zumindest nicht offensichtlich.

Die European Outdoor Film Tour startet jedes Jahr in München, und von dort aus geht es in die unterschiedlichen Länder. Ich hatte das Glück, gemeinsam mit einem Freund mit *Mbuzi Dume* weiter nach Mailand und eine Woche durch Italien zu reisen. Der Film lief außerdem beim Mountainfilm International 2019 in Graz, in Basel und auf Outdoor-, Sport- oder Reisemessen.

Für alle, für meinen Sponsor Mammut und die European Outdoor Film Tour, war es das erste Mal, dass jemand mit einer Behinderung an der EOFT teilnahm. Das war also sowohl für die als auch für die Gesellschaft ein echter Meilenstein.

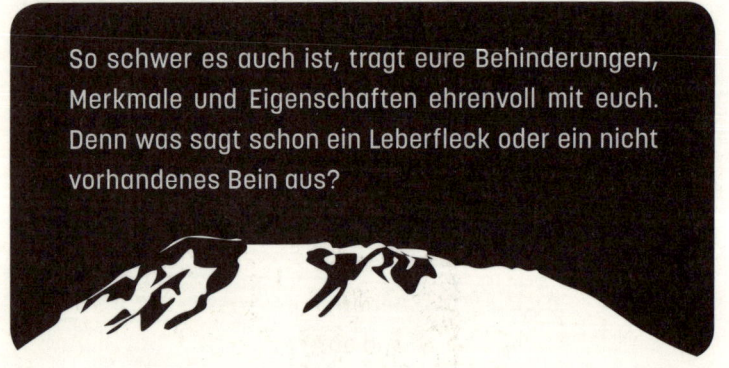

So schwer es auch ist, tragt eure Behinderungen, Merkmale und Eigenschaften ehrenvoll mit euch. Denn was sagt schon ein Leberfleck oder ein nicht vorhandenes Bein aus?

Roter Teppich und Tigerenten

Unser Film sorgte für viel Wirbel, auch weil er den Publikumspreis bei der European Outdoor Film Tour 2018 gewann. Das war absolut nicht abzusehen und überraschte mich sehr. Mir war der Preis aber nicht wichtig, mir ging es nur darum, dass der Film öffentlich gezeigt wurde. Im Vordergrund stand für mich, dass die Leute sich unseren Film anschauten und etwas dabei empfanden. Wenn die Zuschauer etwas für sich mitnehmen, dann ist das für mich am schönsten. Eine Plastiktrophäe zur Bestätigung brauche ich dafür nicht zu Hause rumstehen zu haben.

Ein Award hat nur in dem einen Moment Bedeutung, in dem er verliehen wird. Im Anschluss geht man von der Bühne, es gibt gutes Essen, und danach geht man nach Hause. Aber ein Preis zeichnet mich nicht aus. Diese ganzen Preisverleihungen finde ich zweischneidig. Auf der einen Seite ist ein Award super für die Reichweite des Films, für Clicks oder Follower für den eigenen Instagram-Account – im Rampenlicht zu stehen schadet da auf keinen Fall. Auf der anderen Seite sind diese Veranstaltungen total gekünstelt und aufgeblasen.

Im Jahr 2019 wurde ich zum Beispiel zum Bürgerfest des Bundespräsidenten ins Schloss Bellevue eingeladen, wo Institutionen, ehrenamtliche Organisationen und Unternehmen für ihr gesellschaftliches Engagement gewürdigt werden. Es war zwar keine Preisverleihung im engeren Sinne, aber schon eine Auszeichnung, eine Einladung zu erhalten. Im Garten des

Schlosses war eine Art Messe aufgebaut, wo die Beteiligten mit einem Stand über ihre Arbeit informierten. Da lief Frank-Walter Steinmeier mit einer Schar Pressevertreter durch, nachdem er eine Rede gehalten hatte, und am Ende gab es ein gemeinsames Abendessen.

Vielleicht ist es etwas Besonderes, dorthin eingeladen zu werden, aber allzu lange bin ich nicht geblieben. So spannend fand ich es nämlich nicht. Außerdem hatte sich das Pressereferat total angestellt, ich bekäme keinen Presseausweis und dürfte weder fotografieren noch filmen. Ich fand es schon seltsam, weil es ja genau das ist, was ich mache, und genau deswegen haben sie mich ja auch eingeladen. Sonst würde ja die Einladung auch gar keinen rechten Sinn ergeben.

Mittlerweile möchte ich immer erst mal den Grund dafür wissen, wenn ich von Politikern oder bekannten Persönlichkeiten eingeladen werde. Bekomme ich den Eindruck, die Intention ist positiv und andere Leute haben etwas davon, wenn ich da auftauche, dann nehme ich die Einladung sehr gerne an. Sonst lasse ich es halt bleiben. Wenn es darum geht, den Umgang in der Gesellschaft mit Behinderungen zu verbessern oder die Angst vor Behinderungen abzubauen, ist das sehr cool, da bin ich dabei! Ein Auftritt muss für mich einen Mehrwert haben, für Showzwecke oder weil jemand einen Quotenbehinderten für die Kameras braucht, stehe ich nicht zur Verfügung und sage konsequent ab.

Ich muss aber zugeben, dass ich auch immer ein wenig neugierig bin. Die Gala für den »deutschen Oscar der Social-Media-Welt« würde ich mir schon gern mal anschauen. Oder bei der Oscar-Verleihung in Hollywood wäre ich supergern mal dabei. Meine Mutter wollte ja immer, dass ich als Statist bei Kriegsfilmen oder in Zombiestreifen mitmache, da wäre ein fehlendes Bein ein echtes Plus gewesen.

Der Höhepunkt wäre für mich allerdings, wenn ich den Nickelodeon-Award bekommen würde. Die Sendungen des amerikanischen Kinderkanals habe ich als Junge immer geschaut und fand es super, dass der Gewinner am Ende mit Schleim übergossen wurde!

Als ich 2019 in der Kategorie »Explorer« den Made for More Award von Sport Scheck erhalten habe, habe ich mich verständlicherweise gefreut, denn so habe ich noch mal die Chance bekommen, vor laufenden Kameras und vielen Zuschauern meine Anliegen zu bekräftigen: Du bist nicht das, was die anderen sagen. Es hat einen Grund, dass du so bist, wie du bist. Gib nicht auf. *Do what you can't. Be what you can.*

Und natürlich war es mir ein besonderes Vergnügen, all denjenigen, die mir etwas anderes einreden wollten, den gestreckten Mittelfinger zu zeigen. Allein dafür war es schon gut, den Preis verliehen zu bekommen.

Aber bloß schon der Titel: *Made for More.* Das ist ja Nonsens. Den Preis habe ich trotzdem entgegengenommen, weil ich das Gefühl hatte, dass da Menschen verantwortlich sind, die verstanden haben, was ich mitteilen möchte. Und wenn eine Jury das honoriert – umso besser. Nach wie vor denke ich, dass ich eher ein Sprachrohr für andere bin, wenn ich meine Ansichten vertrete, als jemand, der das Rad neu erfunden hat.

Und wenn jemand glaubt, dass ein Mensch mit einem Handicap nicht nur im Gelände ein Explorer, sondern vielleicht auch einer im gesellschaftlichen Sinne sein kann, bin ich damit sehr einverstanden. Es ist okay, wenn eine Jury findet, dass ich ein Vorbild bin, auch wenn ich das selbst von mir nie so sagen würde.

Klar war ich bei der Verleihung superaufgeregt, als mich Steven Gätjen gleich als Zweiten auf die Bühne rief. Ich habe

Standing Ovations bekommen – alle haben fotografiert oder applaudiert, als ich da die Treppe hochlief, um den Preis entgegenzunehmen. Die Verleihung wurde live im Fernsehen übertragen, und ich möchte gar nicht wissen, wie viele Leute sich das in ihrem Wohnzimmer angeschaut haben.

Die Laudatio war einfach nur Quatsch, und der Rest des Abends war auch ziemlich bescheuert, doch immerhin habe ich ein paar Promis dort getroffen, die ich mag. Von Enissa Amani habe ich einen Kuss bekommen und ein High Five von Eko Fresh. Außerdem hat Nikeata Thompson mich dann zu einem Interview geholt, das war allerdings schon cool.

Neben der Anerkennung gab es auch ein bisschen Geld, von dem ich die Hälfte gespendet habe. Den Preis habe ich mir im Anschluss dann schön ins Gästezimmer neben den Computer gestellt. Bei mir sieht es allerdings nicht so aus wie bei MTV Cribs, wo bei den Stars der ganze Kaminsims voller Acrylscheußlichkeiten steht.

Zum meinem Made for More Award kam noch die Tigerente hinzu. Das ist für mich der krasseste Award, den ich bisher erhalten habe. Die Tigerente bekommt man, wenn man im Tigerentenclub vom Südwestdeutschen Rundfunk auftritt. In dieser Kindersendung wurde zum Beispiel auch ein richtig gutes Interview mit mir geführt, da kam etwas rüber, glaube ich zumindest. Und die Tigerente, die eigentlich gar kein Preis ist, freut mich immer noch sehr, weil ich damals als Kind selbst Fan vom Tigerentenclub gewesen bin. Diese Sendung führte dann auch dazu, dass mich nun seltsamerweise Kinder auf der Straße erkennen. Was natürlich auch irgendwie gut ist, da es zeigt, dass sie die Message mitbekommen. Sie lernen auf diesem Weg, dass eine Behinderung nichts ist, was in einem Angst oder Mitleid auslösen muss.

Ich finde es schöner, jemandem einen Preis zu überreichen,

als selbst einen zu bekommen. Im November 2019 wurde der Paraclimber Tim Schaffrinna zum Frankfurter »Behindertensportler des Jahres« gekürt. Es war toll, ihm bei der Gala den Preis in der Kategorie Paraclimbing zu überreichen. Tim Schaffrinna bouldert und klettert. Er erlitt einen Schlaganfall und war danach zunächst halbseitig gelähmt. Aber er hat sich nicht abhalten lassen, hat sich wieder aufgerappelt und macht seine Sportarten weiter. »*Der* ist krass. Der hat es verstanden«, habe ich mir damals gedacht. Ihm den Preis zu überreichen hat mir etwas bedeutet, weil ich ihn bewundere. Nach der Verleihung haben wir uns noch sehr lange über alles Mögliche unterhalten, nur nicht darüber, mit einer Behinderung Sport zu machen oder sogar dafür noch einen Preis zu bekommen. Nach dem zweiten Gang des schicken Essens bin ich aber schnell abgehauen, so großartig wohl fühle ich mich trotz netter Gesprächspartner bei solchen Veranstaltungen immer noch nicht.

Wer bin ich eigentlich? Nein, jetzt mal im Ernst. Mehrfach wurde ich schon als der einbeinige Bergsteiger, der Typ mit den verrückten Haaren, der auf Krücken *obstacle runs* rockt, der Lockenkopf-Schlagzeuger von der Band, der mit den Tattoos, der Nerd, der *amputee influencer*, der Metal, aber auch Pop hört, der Dieselfahrer, der Liebevolle, der Weltverbesserer und, und, und bezeichnet.

Das sind alles Schlagworte, die mir hinterhergerufen werden. Manche davon sind treffend, manche eher weniger. Worauf ich hinauswill: Ich versuche, mich immer mehr von diesem Kasten- bzw. Schubladendenken zu distanzieren und andere Menschen nicht aufgrund ihres Musikgeschmacks, Aussehens, Gewichts, eventuellen Handicaps, Hautfarbe, Herkunft, Expartners, Berufs, Religion, sexueller Orientierung, Kleidungsstils oder Wohlstands zu kategorisieren. Also fangen wir doch einfach mal ganz von vorne an.

Ich bin Tom, und wer bist du? Woher kommst du? Was arbeitest du? Was macht dich glücklich?

Utopia

In unserer Gesellschaft ist es so verdammt wichtig, wie man aussieht und was man trägt, was man arbeitet und was man ist. Ich wünsche mir Bereiche, in denen das alles keine Rolle spielt. In denen es egal ist, welche Turnschuhe du anhast oder welchen Job du machst. Ein bisschen wie Peter Pans Nimmerland – das wäre doch toll, oder? Es wäre erstrebenswert, einen Schritt in diese Richtung zu machen. Solch einen Ort, wo Leute zusammenkommen und es sich gut gehen lassen, wo es gleichgültig ist, welches Rädchen man im Konsumsystem ist, wünsche ich mir sehr.

Ich stelle mir als solch einen Ort ein Café in Berlin-Mitte vor mit einem besonderen Konzept. Meine Idee ist, dass dort Menschen mit Behinderung gleichberechtigt mit Menschen ohne Behinderung arbeiten und auch als Gäste vor Ort sind. So ein Café schlägt gleich drei Fliegen mit einer Klappe: Es bietet Arbeitsplätze für Menschen mit Handicap, ist ein Ort, wo die Schwelle, sich über den Weg zu laufen, niedrig ist, und es ist ein gut sichtbarer, transparenter Platz mitten in der Stadt, mitten in der Gesellschaft. In einigen Städten gibt es ja schon Blinden-Cafés und -Restaurants, das ist dann wiederum sehr speziell. Da muss man explizit hingehen wollen.

Ich würde das Café direkt neben dem Apple Store und zwischen Shops und veganen Imbissen aufmachen. Ein Raum, der zeitgemäß ist: hell, mit großen Fenstern, mit vielen Pflanzen. Transparent muss er sein, damit man reingucken kann und sieht, wer da arbeitet, was da passiert. Und überall Pflanzen. Warum? Erstens machen sie einen Raum freundlicher, und zweitens habe ich die Erfahrung gemacht, dass auch stark behinderte Menschen für Pflanzen große Empathie entwickeln und sie gerne pflegen. Das ist eine einfache Tätigkeit, die das Gefühl vermittelt: »Ich leiste einen Beitrag.« Das können fast alle. Außerdem ist es ein ganz simpler psychologischer Prozess, dass man, wenn man jemanden oder etwas pflegt, sich automatisch gut fühlt. Aber es geht ja nicht um einen Blumenladen, sondern um ein Café.

Große Fenster lassen viel Licht herein, und die Möbel sind aus Holz, denn dann kann man mit einer holzverarbeitenden Werkstatt zusammenarbeiten, die Behinderte beschäftigt. Barrierefreiheit ist natürlich wichtig, exakt wie beim Apple Store: Da gibt es ja auch keine Stufen und man steht direkt vor den Tresen mit den Telefonen und Computern.

Das Café hat eine offene Bar, im Gastraum stehen nur lange Tische und Bänke mit genügend Platz für Rollis. Keine Stühle, die können leicht verrückt werden und stehen dann Rollstuhlfahrern im Weg.

Ein Riesenlastenaufzug, der auch transparent ist, fährt in das erste Obergeschoss, wo es einen weiteren, großen, ebenso hellen Gastraum gibt. Jedenfalls müssen die Räume weit und beeindruckend sein und etwas Kathedralenhaftes haben. Ein hoher Raum für Toleranz muss es sein.

Die Servicekräfte sind Menschen mit Handicap. Wenn es ein besonderes Bedürfnis gibt, dann werden der Arbeitsplatz oder die Aufgabe halt individuell angepasst. Für viele Gäste wird es erst einmal ungewohnt sein, dass die Bedienung vielleicht gehörlos ist. Natürlich gibt es Leute, die sich nicht vorstellen können, dass ein Behinderter beispielsweise in der Patisserie arbeitet. Sie wollen dann lieber ihren Cupcake maschinell aus der Fabrik gefertigt bekommen – es könnte ja sein, dass da irgendwas reingefallen ist.

Ja klar, ist es gewöhnungsbedürftig, wenn die Bedienung zum Beispiel mit einer spastisch verformten Hand das Essen an den Tisch bringt. Aber genau darum geht es ja, zu akzeptieren, dass auch das die Normalität ist.

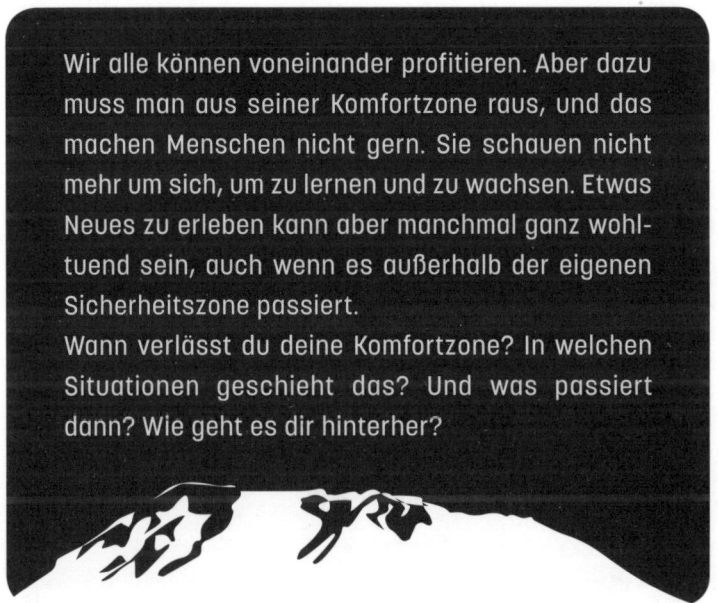

Wir alle können voneinander profitieren. Aber dazu muss man aus seiner Komfortzone raus, und das machen Menschen nicht gern. Sie schauen nicht mehr um sich, um zu lernen und zu wachsen. Etwas Neues zu erleben kann aber manchmal ganz wohltuend sein, auch wenn es außerhalb der eigenen Sicherheitszone passiert.
Wann verlässt du deine Komfortzone? In welchen Situationen geschieht das? Und was passiert dann? Wie geht es dir hinterher?

Ich würde also ein Angebot kreieren, das Arbeitsplätze individuell auf Menschen mit Behinderung anpasst. Behinderte haben auf dem ersten Arbeitsmarkt wenig Chancen. Im Jahr 2017 waren in Deutschland zum Beispiel 3 123 000 Schwerbehinderte im erwerbsfähigen Alter erfasst, von denen nur 47 Prozent erwerbstätig waren.

Ein ganz anderer Entwurf als der für mein Café sind Behindertenwerkstätten, wie wir sie kennen. In so einer arbeite ich, dort ist auch ein Café, das Waldcafé, angeschlossen. Manchmal ist es ein Problem, dass die Klienten versteckt am Waldesrand arbeiten, für andere Behinderte ist es genau das Richtige. Bedauerlich ist es nur, dass die Öffentlichkeit so wenig von den Tätigkeiten dort mitbekommt. Es müsste regelmäßig einen Tag der offenen Tür geben, bei dem wir zeigen können: Hier sind wir, das machen wir. Kein Mensch kann sich vorstellen, wie viel Spaß es macht, an solch einem Ort zu arbeiten, wo sich alle mit derart viel Toleranz begegnen. Dort herrscht, ich kann es nicht anders sagen, ein krasser Zauber.

Jedenfalls setzt die Transparenz des Cafés in Berlin-Mitte, um bei meinem Beispiel zu bleiben, einen deutlichen Gegenpol zu einem Café am Waldesrand. Manche Menschen, die hier in der Werkstatt oder im Waldcafé arbeiten, finden es toll, wo sie sind. Das ist ein Riesenunterschied zu unserer Gesellschaft, wo wir immer woanders sein wollen, als wir im Augenblick gerade sind. Andere Mitarbeiter im Waldcafé hätten gern mehr Teilhabe an dem, was »da draußen« passiert.

Ich jedenfalls würde gerne Menschen, die in einer Behindertenwerkstatt arbeiten oder daran angegliedert einen Job haben, die Möglichkeit einräumen, auf dem ersten Arbeitsmarkt arbeiten zu können.

Die Idee der Behindertenwerkstatt ist umstritten. Einige Vertreter von Initiativen für Menschen mit Handicap sind vehement gegen die Einrichtung von solchen Werkstätten, weil sie die Behinderten zusätzlich stigmatisieren. Das ist zum Teil richtig. Auf der anderen Seite *muss* es aber auch Angebote geben für Menschen, deren Behinderung sie so stark geistig, physisch oder psychisch einschränkt, dass die Teilhabe an der Gesellschaft ohne eine spezielle Einrichtung nicht möglich ist. Die Frage ist nur, muss man die Betroffenen am Stadtrand verstecken oder kann man ihnen einen Platz – auch räumlich gesehen – mitten in der Gesellschaft schaffen?

Denn aus meiner Erfahrung kann ich sagen: Egal wie stark die Behinderung ist, diese Menschen wollen arbeiten, sie wollen eine Aufgabe haben, ob die anderen sie jetzt verstehen oder nicht. Arbeiten heißt dazuzugehören, mit dabei sein, wie die anderen sein. »Ich arbeite, ich mache etwas.« Arbeit ist für Menschen mit Behinderung genauso wichtig für das Selbstwertgefühl wie für andere auch. Haben sie nicht die Möglichkeit zu arbeiten, dann kann das Gedanken auslösen wie beispielsweise »Ich bin nichts wert«. Schließlich ist unsere Gesellschaft stark von der Idee geprägt, einen Menschen aufgrund seines Berufes zu bewerten oder einzuschätzen. Der Berufsstand ist oftmals der Maßstab für die Position in der Gesellschaft. Es ist ja vollkommen klar, was es dann heißt, wenn man nicht arbeitet. Für die Verständigung reicht ein Tag der offenen Tür da überhaupt nicht aus. Man müsste vielleicht mal über einen Handicapped Day in Firmen nachdenken, den Girls' und Boys' Day gibt es ja bereits.

Kürzlich habe ich für die Behindertenwerkstatt ein Video über einen Klienten gemacht, der schon seit 38 Jahren dort arbeitet. Mit siebzehn Jahren hat er dort angefangen.

»Heinrich – hast du immer noch Bock herzukommen?«, habe ich ihn gefragt. Seine Antwort kam, ohne zu zögern.

»Ja, klar!«, und er strahlte mich an. Heinrich wird auch weiterarbeiten, wenn er längst das Rentenalter erreicht hat. Einen anderen Kollegen muss man mit Gewalt in den Urlaub schicken, sonst arbeitet der wirklich ohne Unterbrechung das ganze Jahr.

Ich glaube, es geht aus der Sicht der Klienten in Werkstätten darum, etwas zu tun und sich auszutauschen. Sie haben Freunde dort, können mit anderen Leuten quatschen, die nicht ihre Eltern sind. Ebenso wichtig ist es, dass sie sich in der Stadt mit einem Fahrunternehmen umherbewegen können und dass es auch Freizeitangebote gibt, die sie annehmen können oder auch nicht. Kurz gesagt: Arbeiten ist wichtig, aber für einige Personen mit Behinderung wäre es einfach cooler, in der Innenstadt zur Arbeit zu gehen und Teil eines Teams zu sein, als dasselbe am Stadtrand zu machen. Und das täte der Gesellschaft auch gut, würde ich meinen. Es wäre ein guter Beitrag zu gegenseitigem Verständnis und Toleranz.

Vorbilder

Wenn ich mich frage, wie es in Zukunft weitergehen soll, komme ich immer ganz schnell dazu, mir zu überlegen, was mich bis hierhergebracht hat. Das sind Menschen, Erlebnisse, aber auch Werte, die mich zu dem gemacht haben, wer oder was ich bin. Zu den Werten gehört zum Beispiel, wie wichtig es ist, nie aufzugeben und vor allem an sich selbst zu glauben – das habe ich von meiner Mutter gelernt. Sie hat mir auch beigebracht, dass es im Leben nicht um Reichtum geht, sondern dass unsere Geschichten, unsere Reisen und Momente viel mehr zählen. Ich glaube, auch die Ehrlichkeit und Direktheit habe ich von ihr.

Ungenauigkeit und Unpünktlichkeit kann ich genauso wenig leiden wie eine unaufgeräumte Wohnung. Meine gefühlige Seite habe ich ebenfalls von meiner Mutter. Ich bin manchmal superemotional und sehr nah am Wasser gebaut.

Von meinem Vater habe ich die musische Seite und die Sturheit. Meine Musik habe ich gemacht, weil ich über dieses Medium Gefühle vermitteln kann. Das ist eine schöne Ausdrucksform für mich, vielleicht sogar ein Ventil. Ich finde, meine Sturheit ist eigentlich eher Zielstrebigkeit – wenn ich mir etwas vornehme, dann mache ich das auch. Sturheit hat meiner Meinung nach nicht unbedingt etwas mit »mit dem Kopf durch die Wand« zu tun – obwohl ich vom Sternzeichen her Steinbock bin. Mit dem Kopf durch die Wand geht immer damit einher, dass auch etwas kaputtgeht, das muss aber gar nicht sein. Von meinen Eltern habe ich auch gelernt, keine Angst zu haben, der zu sein, der ich wirklich bin.

Es gibt sehr viele Menschen, die mich beindrucken. Ich lasse mich von Intelligenz beeindrucken, wie bei Klaus etwa. Aber ich könnte nicht von mir sagen, dass ich ein Idol habe oder einem Helden nacheifere. Viele Menschen sind für mich ein Vorbild, indem sie das tun, was sie tun, und einfach der sind, der sie sind, und sich nicht von widrigen Umständen, etwa einem Handicap (was war noch mal ein Handicap?) aufhalten lassen.

Ich möchte nicht irgendetwas erreichen, was jemand vor mir erreicht hat, oder so sein wie jemand anderes. Das interessiert mich schlichtweg nicht. Mein Ziel im Leben ist es, mich einfach weiterzuentwickeln. Wer weiß, vielleicht ist mein eigentlicher Held der Tom, der ich in zehn Jahren sein werde? In zehn Jahren bin ich weiter und hoffentlich weiser. Ich hoffe, mich in positiver Weise weiterzuentwickeln, denn schließlich habe ich schon genügend Dinge falsch gemacht. Auf der anderen Seite gehört ja auch genau das zum Leben dazu. In zehn Jahren möchte ich eine bessere Version von mir selbst sein.

Meine Eltern haben mir ganz viele Eigenschaften mitgegeben, von denen ich mich jetzt bedienen kann. Vom Ordnungssinn bis hin zur Musikalität. Viele Charakterzüge sind positiv, einige eher negativ – aber kommt es nicht wie immer auf das Maß an?

Welche Persönlichkeitsmerkmale hast du von deiner Mutter, deinem Vater geerbt? Gibt es etwas, was du dir von deinen Geschwistern abgeguckt hast?

Wie willst du in zehn Jahren sein?

Zusammenziehen

Mit dem Partner in die erste gemeinsame Wohnung zu ziehen ist einer der schönsten Momente im Leben, wie ich finde. Ende 2019 stand dieser Schritt auch bei mir an, und nach recht kurzer Suche haben meine Freundin und ich eine tolle Wohnung gefunden. Die beiden Katzen und wir fühlen uns wirklich wohl dort, doch welche Fragen und kleineren Probleme der Alltag des Zusammenlebens aufwirft, ist ja nie vorauszuahnen und zeigt sich erst mit der Zeit. Zuvor war ich immer gewohnt, alles alleine zu entscheiden: Was kaufe ich ein? Wann koche ich das Abendessen? Wann muss das Bad geputzt werden, und wann ist es an der Zeit, das Altglas zu entsorgen?

Aber wenn man zusammenlebt, zeigt sich plötzlich, dass all das, was zuvor selbstverständlich erschien, neu geordnet werden muss. Manchmal geht man sich auch bei Kleinigkeiten so auf die Nerven, dass ein Streit unausweichlich ist. Was natürlich in beide Richtungen gilt. Jeder hat eben seine persönliche Philosophie, wie man beispielsweise eine Spülmaschine korrekt einräumt oder wann die Frist verstrichen ist, nach der die letzten Umzugskartons ausgepackt sein müssen.

Andere Problemfelder haben darüber hinaus nichts mit den jeweiligen Persönlichkeiten zu tun. Einen Schrank eines großen schwedischen Möbelhauses nach Anleitung zusammenzubauen bringt auch den gelassensten Zen-Meister in Rage und stellt für jede Beziehung eine Nagelprobe dar.

Verrückt, wie oft man sich wegen solcher Dinge in die Wolle

bekommen kann. Aber ich bin davon überzeugt, dass das Zusammenziehen der richtige Schritt für uns war – oder in meinem Fall der richtige Hopser.

An eine gemeinsame Wohnung muss man sich erst gewöhnen und lernen, die sogenannten Marotten oder Eigenheiten des anderen kennen- und hoffentlich auch schätzen zu lernen. Natürlich wird es immer mal wieder krachen, aber ich bin davon überzeugt, dass ein ordentlicher Streit manchmal auch wichtig ist – sogar extrem wichtig.

Eine Checkliste für das Zusammenziehen gibt es nicht, denn jede Beziehung ist einzigartig. Und jeder Einzelne hat Punkte, die ihn an seinem Partner oder seiner Partnerin in den Wahnsinn treiben. Da hilft nur ein Gegenmittel: Kommunikation.

Bei vielen Paaren fängt der Zwist schon mit der Entscheidung an, ob sich das gemeinsame Nest auf dem Land oder in der Stadt befinden soll.

Schon als kleines Kind war ich vom Landleben fasziniert und habe mich nirgendwo anders so wohl gefühlt. Ich liebe es einfach, mitten in der Natur zu sein. Mein größter Traum ist ein Hof mitten im Nirgendwo. Dort lebe ich dann mit meiner Liebsten, unseren Katzen, einem Dackel namens Bucket, einem Ziegenpärchen und einigen Hühnern. Genau dort, wo sich Fuchs und Hase »gute Nacht« sagen. Auf dem Land kennt man den Großteil der Menschen aus der Nachbarschaft. Möglicherweise bedeutet das auch, dass jeder alles von dem anderen weiß, das finde ich aber nicht problematisch. Es würde mich auch nicht stören, wenn ich weitere Strecken zurücklegen müsste, um mal etwas anderes zu erleben, um einkaufen zu gehen oder Partys zu feiern. Ich will Ruhe. Weniger Lärm und weniger Dreck. Man kann als Landmensch Lieblingsorte haben, die vielleicht niemand sonst kennt, vielleicht irgendwo im Wald, fernab von der Zivilisation. Als Stadtmensch habe ich keine andere Wahl, ständig laufen einem Menschen über den Weg, es sei denn, ich schließe mich zu Hause ein oder fahre raus in den Wald.

Wo möchtest du am liebsten leben? Auf dem Land oder in der Stadt? In Deutschland oder im Ausland?

Blick in die Glaskugel

Was die Zukunft bringt, kann niemand voraussagen – man kann nur versuchen, sie mitzugestalten und sich Ziele zu setzen. Meine Besteigung des Kilimandscharo ist drei Jahre her, und nach dem Berg ist vor dem Berg. Ich muss jetzt nicht unbedingt ein Massiv nach dem anderen besteigen, aber der Fudschijama reizt mich sehr, das ist ja auch ein verdammt hübscher Berg. Aber es müssen nicht immer Gebirge sein, vielleicht mache ich auch mal etwas ganz anderes – vielleicht einen Wassersport.

Es muss auch nicht immer gleich Extremsport sein, ich kann mich auch ganz gut beim Sporteln erholen, und den nächsten Urlaub habe ich auch schon gebucht. Wir fahren nach Bali zum Tauchen, was für mich etwas Neues ist. Ich bin supergespannt darauf, mal weiter als bis auf Armeslänge in eine Meereswelt einzutauchen.

Aber erst einmal freue ich mich an dem, was jetzt und heute und hier ist. Dass ich mit meiner Freundin in einer schönen Wohnung lebe, in der die Katzen herumtoben können, auch wenn im Keller die letzten Umzugskisten noch nicht ganz ausgepackt sind.

Ich bin froh, dass mir mein Job Spaß macht. Durch den lerne ich viele Menschen kennen, denen ich Folgendes zeigen darf: Es lohnt sich, darauf zu beharren, dass man selbst bestimmt, wohin es geht. Und dass man alles ausprobieren kann – ob mit Handicap oder ohne. Dazu möchte ich die Menschen ermutigen, und vielleicht hilft auch dieses Buch dabei. Ich bin optimistisch, dass das Projekt für chronisch kranke Kinder im Tannenhof mit Klaus weiter gut angenommen wird und ich den Kids auch bei den nächsten Ausflügen etwas mitgeben kann.

Doch heute kümmere ich mich mal endlich um diese Kisten im Keller. Die werde ich eine nach der anderen auspacken, ganz in Ruhe.

Eine und noch eine und noch eine.

Nachwort

Im Laufe meines Lebens habe ich gelernt, dass mein fehlendes Bein kein Mangel, sondern ein Schlüssel ist, der mir im privaten und beruflichen Bereich viele Türen geöffnet hat und mich so zu vielen Menschen geführt hat, die mir bis heute sehr am Herzen liegen. Was mir vermeintlich fehlt, ist der Grund dafür, dass es all diese Menschen in meinem Leben gibt – oder lasst es mich so sagen: Mit dem zweiten Bein wäre mein Leben um so vieles ärmer. Ich wäre vermutlich ein anderer geworden, wäre vielleicht nie auf den Kilimandscharo gestiegen, hätte vielleicht nie diesen Berg bezwungen, der mich so vieles gelehrt hat. Zum Beispiel, dass es wirklich kompletter Quatsch ist, was andere über dich sagen oder von dir halten. Die einzige Person, die dir sagen kann, was gut für dich ist, und die genau weiß, was du kannst und was du willst, bist du allein.

An dem, was seit meinem neunten Lebensjahr fehlte, bin ich mehr gewachsen als an allem anderen. Was mich behindert hat, war nicht das fehlende Bein, sondern die Grenzen in den Köpfen der anderen. Ich wurde behindert. Wer bestimmt, was eine Behinderung ist und was nicht? Wo fängt eine Behinderung an? Es kann so vieles eine Behinderung sein. Eine Brille? Alt zu werden? Wann ist man denn überhaupt alt? Auch ein gebrochenes Bein ist eine Behinderung – für ein paar Monate. Anstatt uns darauf zu konzentrieren, was alles möglich ist, definieren wir und andere uns über das, was nicht geht. Es lohnt sich total, stattdessen darüber nachzudenken, was machbar ist.

Ich habe keine Lust und keine Zeit, mir darüber Gedanken zu machen, was mir fehlt. Aber ich habe genug Zeit, mir zu überlegen, was ich mit dem erreichen kann, was vorhanden ist. Mit meinem einen Bein habe ich nämlich noch verdammt viel vor.

Und wenn ich einen Wunsch frei hätte, dann den, dass wir alle uns mehr Zeit nähmen, um diesen Schritt zu gehen, dass wir aufmerksamer mit uns selbst und miteinander umgehen, bevor wir vorschnell über andere urteilen. Kurz mal innehalten und einen Augenblick nachdenken – das wäre doch mal was! Nicht ohne nachzudenken, sagen: Aha, die sitzt im Rollstuhl, alles klar, ich halt der jetzt mal die Tür auf, die schafft das sonst nicht alleine. Sondern hinschauen, mit wem wir es zu tun haben: Guck mal, eine Person, eine Persönlichkeit, ein Charakter. Wer ist denn das? Vielleicht jemand mit Eintracht-Frankfurt- und Chicago-Bulls-Sticker auf dem Rolli, einem Motiv-Speichenschutz mit Wildpferd im Sonnenuntergang oder einem Extinction-Rebellion-Aufkleber. Jemand mit Vorlieben und einer eigenen Meinung. Jemanden, den ich fragen kann, ob er oder sie überhaupt Hilfe braucht. Jemand, der so viel mehr ist als ein Rollstuhl. Jemand, der meine Hilfe ablehnen oder annehmen kann, wenn ich danach frage, ob Hilfe gebraucht wird. Wenn nicht – wunderbar! Falls doch – Tür aufhalten! Dagegen spricht ja nichts.

Und das gilt für alle Menschen, die dem Anschein nach anders sind. Nicht gleich auf den ersten Blick zu sagen: Aha, der Mann hat Übergewicht! Das Gewicht ist doch vollkommen egal. Der Typ hat vielleicht ein Einser-Abi gemacht und ist Arzt. Und er ist vielleicht genau derjenige, der dir den Gips bei deinem Schienbeinbruch anlegt. Darüber hinaus ist er wahrscheinlich auch noch ein wunderbarer Vater und Ehemann oder ein krasser Sportler.

Wir wissen nicht, wen wir vor uns haben, solange wir uns nicht mit dem Menschen hinter der Erscheinung beschäftigen. Wenn jeder von uns sich die Zeit nehmen würde, toleranter und vielleicht sogar ein bisschen freundlicher in die Welt zu schauen, wären unsere Straßen und Plätze bessere Orte.

* * *

Anfang März 2020 habe ich das Nachwort geschrieben und die letzten Umzugskisten ausgepackt. Mitte März wurde klar, dass das Corona-Virus nicht nur lokal in China für viele Menschen zu einer lebensbedrohlichen Gefahr wurde, sondern eine Pandemie auslöste. Sie sorgte und sorgt weltumspannend dafür, dass wir alle unseren Alltag ändern müssen. Vieles veränderte sich, und viele Fragen blieben zunächst offen: Wie wir uns schützen, ob und wie wir unsere Familie und Freunde treffen, ob wir zu unserer Arbeitsstelle gehen und normal unseren Job machen können, ob wir in den Urlaub fahren dürfen. Projekte, Pläne und Vorhaben wurden verschoben, wie der Erscheinungstermin dieses Buches auch, das im August 2020 hätte herauskommen sollen.

Für mich persönlich hatten der erste Lockdown im März und April 2020 und die nachfolgenden Wochen zunächst einmal nur minimale Konsequenzen: Abstandsregeln beachten, Maske tragen, Hände waschen – das ist alles nicht das Ende der Welt. Sowohl meine Freundin als auch ich konnten weiter jeden Tag zur Arbeit gehen, selbst wenn sich für mich mein Job nun vollkommen anders darstellte: Unsere Klienten konnten nicht mehr in die Werkstatt kommen, da sie zu Risikogruppen gehören.

Was sich änderte, war, dass ich abends nicht mal schnell Pasta mit Pesto für uns kochen konnte, weil es keine Nudeln mehr im Supermarkt gab. Nudeln, Mehl, Toilettenpapier und Desinfektionsmittel – nee, gab es nicht, weil bekloppte Zombies dachten, das Ende der Zeit nahe, und meinten, Hamsterkäufe tätigen und später Klopapier auf ebay anbieten zu müssen.

Wir haben uns mit den wenigen Einschränkungen, die wir hatten, gut arrangiert. In den Werkstätten haben wir nach den Aufräumaktionen, die wohl jeder in der Zeit des Lockdowns angefangen hat, einfach den Job unserer Klienten übernommen und für Auftraggeber zum Beispiel Serienbriefe konfektioniert. Der Gedanke war: Unsere Kunden warten auf die Lieferung, können wir nicht liefern, verlieren unsere Behindis ihren Job und wir am Ende der Kette auch.

Ich habe angefangen, täglich ein Video mit unserem Geschäftsführer zu drehen: »Tom fragt Frank«, das wir abends immer auf YouTube hochgeladen haben. Damit konnten wir den Kontakt zu unseren Klienten aufrechterhalten und gleichzeitig darüber informieren, wie es gerade aussieht: Wie lange bleiben die Werkstätten noch geschlossen? Wie geht es danach weiter? Wie funktioniert das Schichtsystem? Bisher haben wir über hundert Folgen produziert, und das hat mir super Spaß gemacht.

Unter Isolation habe ich also nicht sehr gelitten, und dass das gemeinsame Grillen im Garten meiner Eltern an getrennten Tischen stattfand, das war halt so. Es gibt Schlimmeres.

Zwei Dinge allerdings erinnerten mich an meine Krankheit: ständig die Hände desinfizieren zu müssen und meine Leute nicht sehen zu können. Gemeinsame Aktivitäten mit Freunden waren auch damals nicht drin.

Jedoch haben mich die ewig schlechten Nachrichten genervt.

Infektionszahlen aus der ganzen Welt, Engpässe, was Kranken-hausequipment wie Beatmungsgeräte und Schutzkleidung an-geht etc. Es ist zwar wichtig, die Entwicklungen und kritischen Punkte zu benennen, aber ich konnte nur ein gewisses Maß an neuen Horrormeldungen ertragen und habe irgendwann mei-nen Nachrichten-Input reduziert. Ebenso wenig habe ich die Corona-Pandemie in meinem Blog thematisiert.

Doch es gab auch positive Seiten an dieser neuen Situation. Erst mal musste ich mir – da bin ich äußerst dankbar – keine Sorgen darum machen, dass jemand von meinen Lieben zur Risikogruppe gehört oder im Gesundheitswesen tätig ist. Und dann gaben mir die Wochen der verordneten Abgeschiedenheit die Chance, meine Partnerin neu und besser kennenzulernen. Da wir füreinander der einzige regelmäßige soziale Kontakt außerhalb des Arbeitsumfelds waren, sind wir uns noch mal ein Stückchen nähergekommen. Wenn man das ganze Wochen-ende aufeinanderhockt, bekommt man ja viel deutlicher mit, wie der andere so drauf ist: Wie ist die Stimmung? Wut? Trauer? Frust? Ich habe schnell gemerkt, wie ich mein Mädchen in Se-kundenschnelle supersauer machen kann oder wann ich sie mal in den Arm nehmen muss. Wir haben auch viel mehr gere-det als sonst, wobei wir schon ganz gut darin sind, offen mit-einander zu kommunizieren. Wir fanden diesen »Stresstest« für die Beziehung ganz okay und waren heilfroh, dass der Um-zug schon erledigt war. Sonst hätten wir sechs Wochen lang ge-trennt leben müssen und uns gar nicht sehen können, und das wäre echt schrecklich gewesen.

Weitere positive Punkte dieser Zeit waren, dass es erstens der Umwelt gutgetan hat, dass die Flieger am Boden geblieben sind. Und zweitens, dass wir mehr Zeit gehabt haben, uns mit anderen wichtigen Themen auseinanderzusetzen, die vielleicht nicht unmittelbar vor unserer eigenen Haustür eine Rolle spielen: die Bewegung Black Lives Matter und der Kampf für die Rechte der Queer-Community. Das hat uns noch mal gezeigt, dass sich in der Gesellschaft noch eine ganze Menge ändern muss, und zwar nicht nur in Bezug auf den Klimaschutz.

Dank

Viele Menschen haben auf ganz unterschiedliche Weise die Entstehung dieses Buches begleitet. Ihnen bin ich aus tiefstem Herzen dankbar.

Mein Dank gilt an erster Stelle meiner Mama und meinem Papa, deren Liebe, Ermutigung und Zuspruch dazu beigetragen haben, dass ich meinen Weg bis heute gegangen bin. Ebenfalls bedanken möchte ich mich auch bei meinem Freund Dr. Klaus Siegler, der mir nicht nur das Leben gerettet, sondern mich bei der bislang größten Reise – auf den Kilimandscharo – begleitet und unterstützt hat. Ich danke der wichtigsten Frau in meinem Leben, meinem Mädchen Jana, die meine größe Unterstützerin und zugleich meine größte Kritikerin ist. Danke für dein Vertrauen, deine Zeit, deine Ehrlichkeit und am meisten für deine Geduld.

Großer Dank gebührt Friederike Moldenhauer, die mir geholfen hat, meine Erinnerungen zu sammeln und in diesem Buch zu dokumentieren, und die bis zum letzten Buchstaben die Nerven behalten hat. Ich danke meiner Lektorin Martina Seith-Karow und dem ganzen Team des S. Fischer Verlags für die umfassende Arbeit im Hintergrund.

Danken möchte ich auch Sabine Schmid, ohne deren Hilfe der Kontakt zum Verlag nicht zustande gekommen wäre.

Nicht zuletzt gilt mein Dank meinem verlorenen Bein. Es hat dazu geführt, der zu werden, der ich bin. Wer weiß, was aus mir geworden wäre, wenn ich es noch hätte.

Abschließend möchte ich auch dir danken, liebe Leserin und lieber Leser, dass du dir die Zeit für meine Geschichte genommen hast.

Spendenhinweis

Wer die Arbeit mit chronisch kranken Kindern mit seiner Spende unterstützen möchte, kann sich auf der Website www.tannheim.de über die Aktivitäten der Nachsorgeklinik informieren. Das Spendenkonto lautet:

Deutsche Kinderkrebsnachsorge Tannheim
Stiftung für das chronisch kranke Kind
DE41 6945 0065 0000 0050 00
Verwendungszweck: »Biographie Tom Belz«
oder online:
https://www.tannheim.de/spenden/online-spende/

Mehdi Maturi / Kerstin Greiner
In den Iran. Zu Fuß. Ohne Pass.
Auf der Suche nach meiner Mutter

Sein ganzes Leben lang dachte Mehdi Maturi, seine Mutter
sei tot. Als er erfährt, dass er kurz nach seiner Geburt vom
Vater nach Deutschland entführt wurde und sie noch lebt,
will er sie unbedingt kennenlernen. Aber über 4000 Kilome-
ter und acht Länder trennen ihn von seiner Mutter im Iran.
Er bekommt kein Visum. Doch er ist fest entschlossen, seine
Mutter zu finden. Also macht er sich trotz allem auf den
Weg und folgt der Flüchtlingsroute in die entgegengesetzte
Richtung, illegal über alle Grenzen. Er hat keine Ahnung,
wie hart der Weg werden wird und wie er wieder zurück-
kommen soll. Für ihn zählt nur eins: das Lächeln seiner
Mutter.

256 Seiten, Klappenbroschur

Weitere Informationen finden Sie auf
www.fischerverlage.de

AZ 596-70021/1

Christoph Kuckelkorn
mit Melanie Köhne
Der Tod ist dein letzter großer Termin
Ein Bestatter erzählt vom Leben

Christoph Kuckelkorn, Bestatter aus Köln, führt ein Doppelleben: Zum einen lenkt er eines der ältesten Bestattungsunternehmen in Deutschland, gleichzeitig ist er Präsident des Festkomitees des Kölner Karnevals. Was wie ein Widerspruch klingt, bedeutet für ihn eine Einheit. Tagtäglich durchlebt er das Wechselspiel zwischen Glück und Trauer, Ausgelassenheit und Verzweiflung. Als Wanderer zwischen den Welten hat Christoph Kuckelkorn seine packende Biographie und ein inspirierendes Buch über den Sinn und Wert des Lebens geschrieben.

288 Seiten, Klappenbroschur

Weitere Informationen finden Sie auf
www.fischerverlage.de

AZ 651-00081/1

Daniel Wilk

Die Ruhe im Wasserglas

Entspannungs- und Trancegeschichten, die Seele und Körper harmonisieren

Zweite Auflage, 2015

Umschlaggestaltung: Uwe Göbel
Umschlagfoto: © Thorsten Höning
Satz: Verlagsservice Hegele, Heiligkreuzsteinach
Printed in Germany
Druck und Bindung: CPI books GmbH, Leck

Zweite Auflage, 2015
ISBN 978-3-89670-872-4
© 2013, 2015 Carl-Auer-Systeme Verlag
und Verlagsbuchhandlung GmbH, Heidelberg
Alle Rechte vorbehalten

Bibliografische Information der Deutschen Nationalbibliothek:
Die Deutsche Nationalbibliothek verzeichnet diese Publikation
in der Deutschen Nationalbibliografie; detaillierte bibliografische
Daten sind im Internet über http://dnb.d-nb.de abrufbar.

Informationen zu unserem gesamten Programm, unseren Autoren
und zum Verlag finden Sie unter: **www.carl-auer.de**.

Wenn Sie Interesse an unseren monatlichen Nachrichten
aus der Vangerowstraße haben, können Sie unter
http://www.carl-auer.de/newsletter den Newsletter abonnieren.

Carl-Auer Verlag GmbH
Vangerowstraße 14
69115 Heidelberg
Tel. +49 6221 6438-0
Fax +49 6221 6438-22
info@carl-auer.de